——— 丝 路 撷 珍 ———

舆图世界中的
新疆故事

王 耀

图书在版编目（CIP）数据

丝路撷珍：舆图世界中的新疆故事 / 王耀编著．
-- 北京：五洲传播出版社，2016.12
ISBN 978-7-5085-3595-1

Ⅰ．①丝… Ⅱ．①王… Ⅲ．①新疆—地方史—史料
Ⅳ．① K294.5

中国版本图书馆 CIP 数据核字 (2016) 第 309008 号

丝路撷珍：舆图世界中的新疆故事

作　　者：	王　耀
出 版 人：	荆孝敏
设计制作：	北京丰饶视觉科技有限公司
责任编辑：	宋博雅
出版发行：	五洲传播出版社
地　　址：	北京市海淀区北三环中路 31 号生产力大楼 B 座 6 层
邮　　编：	100088
网　　址：	http://www.cicc.org.cn　http://www.thatsbooks.com
发行电话：	010-82005927，010-82007837
印　　刷：	北京久佳印刷有限责任公司
版　　次：	2017 年 2 月第 1 版第 1 次印刷
开　　本：	710 毫米 ×1000 毫米 1/16
印　　张：	10
字　　数：	130 千字
定　　价：	46.00 元

引 言

一

我是历史专业出身，主要研究新疆历史和中国古地图，因此，我试图将两者结合起来，尝试着利用中国古地图来讲述新疆历史。

古地图在中国古代称为"舆图"。中国古人信奉"天圆地方"的观念，多用"舆"这一原意为车的方形车架的字来代指方形大地，进而将承载山川、河流、城镇等事物的地图称为"舆图"。

舆图中蕴含着丰富的地理信息和人文信息，是传递古代历史状况的重要图像史料。在大众传播领域，与浩瀚、晦涩、繁冗的古代文献相比，舆图具有形象化、符号化、直观性等特点。如果利用好舆图的这些特点，来讲述历史故事，将更有利于知识的传播与普及。本书就是在做这方面的尝试——利用舆图来讲述新疆故事。

那么，何为"新疆故事"？这里面有两个关键点：一是"新疆"，在本书中主要是泛指1759年乾隆统一后的伊犁将军辖区，与今日新疆大部分重合；二是"故事"，"故"强调的是过去发生的，"事"则涉及与新疆相关的一切，"故事"也可简单理解为历史故事。

在讲述新疆故事时，本书追求叙事的真实。这与我的学科背景有关，历史学讲究有一分证据、讲一分话。因此，凡是书中出现的年代、人名、地名、事情经过、人数等，都是于史有据，而不是虚构捏造。各位在阅读时，对于故事的真实性是可以放心的。这不是一部学术著作，因此没有按照学术规范逐条出注，但是我将主要参考文献列于每个故事后面，表示对于前辈学人和知识的尊重。同时，如果读者对于某一故事感兴趣，想进行延伸阅读，不妨参阅一下。

此外，本书利用舆图讲述新疆故事，在这一主线基础上，同样注重使用老照片、画像、拓片等各类图像。书中共计收录有100多幅各类图像，来图文并茂地展现历史上的新疆。各位读者如果时间有限，不妨单独读一下图，也是获取知识的一种捷径。当然，如果通览图与文，则是更佳。

重申一下，这不是一部学术著作，我是试图写作一本通俗的新疆历史读物。

二

我出生在山东，求学和工作在北京，并没有长期在新疆的生活经验。每次去新疆出差，长则不超过一个月，短则一周。我的新疆知识，更多来源于各类古籍、学界的研究和自己的思考，本书也只是讲述我理解中的新疆——"多元新疆"或"缤纷的新疆"。

"多元"，通俗来讲，就像是万花筒，缤纷多彩；也像是夜晚的星空，繁星点点。新疆，自古至今，就是缤纷多彩、繁星点点的。

新疆有沙漠、绿洲、高山冰川、草原等多种地貌，生活着汉族、维吾尔族、哈萨克族、回族、蒙古族、锡伯族、满族等13个世居民族，这13个民族使用着11种语言，信仰伊斯兰教、佛教、基督教等多种宗教。这里的地貌、民族、宗教信仰、文化、语言都是十分多元的，共同存在于新疆大地上。

我要讲述的就是这个缤纷多彩的新疆，是超出瓜果飘香、能歌善舞、达坂城的姑娘等符号化描述的新疆。

——曾经设计圆明园"十二生肖兽首"的法国传教士蒋友仁是如何参与乾隆朝新疆舆图绘制的？

——乾隆、西域、香妃，会演绎出怎样的传奇故事？乾隆皇帝有没有一个西域嫔妃？香妃是否确有其人？

——绘制《西域舆图》的张穆，有着怎样的人生际遇？他为何失去考取功名的资格，潜心于西北史地学研究？

——"七十一"这个名字为何如此奇怪？他的西游记——《西域闻见录》是一本什么样的书？

——流落坊间的《新疆地舆总图》绘制于光绪年间，为何会铃印有康熙年间的名人印章？

——从21岁到38岁的17年间生活在南疆喀什的英国外交官夫人凯瑟琳，晚年生活在英吉利海峡的泽西岛上，会如何回忆她的异域岁月？她的丈夫马噶特尼是一个中英混血儿，身上流淌着太平军女战士的血液，这是一个怎样的心酸故事？

——新疆的"方神庙"、遍布天山南北的"关帝庙"以及坚守喀什46年之久的瑞典传教团，这是一些怎样的关乎信仰的故事？

——数万八旗子弟西戍天山南北，锡伯族自东北西迁新疆，土尔扈特部从伏尔加河一路杀回伊犁，这是一些怎样的壮阔史诗？

——踪迹难寻的古城,苍凉的古道,傲立在格登山上的石碑,这些刻写在大地上的历史符号背后隐藏着怎样的热血往事?
……

这些有趣的小故事将在书中一一道来。

目 录

第一章　舆图与皇权　　1

乾隆皇帝、传教士与新疆大地测量　　1
远嫁皇帝的西域女人：满身溢香的嫔妃与她的传奇　　8
清内阁大库藏《哈密图》的坎坷身世　　18

第二章　舆图与士人　　22

张穆、《西域舆图》及士人交游　　22
满洲人西游记：七十一与《西域闻见录》　　35
不只是汉代西域故事：李光廷与《汉西域图考》　　41
笑幻道人、庚戌年、奸商与《新疆地舆总图》　　46

第三章　舆图与洋人　　51

异域百态：凯瑟琳夫人眼中的喀什噶尔　　51
"秦尼巴克"与它的主人　　62
一组字母背后的故事：
　　恒慕义与美国国会图书馆藏《新疆全图》　　70

第四章　舆图与信仰 —— 77

义士的大地勋章：戍卒黄桂芳与新疆"方神庙"　77
"神佑新疆"：天山南北的关帝庙　82
种瓜得豆、种豆得瓜：喀什噶尔的瑞典传教团　88

第五章　舆图与民族 —— 95

八旗西戍：天山南北的猛士　95
锡伯族西迁：我为皇帝守西陲　101
土尔扈特东归：从伏尔加河到开都河的蒙古马队　106

第六章　舆图与地理 —— 115

点将台：清代新疆城市图谱　115
双城记：阿克苏的新城与旧城　123
跨越西天山的苍凉古道
　　——记《进呈伊犁由那林河草地至喀什噶尔图说》　128
永恒是什么：《新疆全图》中的帝国丰碑　136

后　记 —— 143

图　录

图 1：法国传教士蒋友仁 —————————————— 1

图 2：北京大学未名湖中的"翻尾石鱼"（2016 年 6 月）—— 2

图 3：龙首与虎首 ————————————————— 3

图 4：乾隆晚年朝服照 ——————————————— 4

图 5：耶稣会士高公（高慎思）之墓墓碑拓片 ——————— 5

图 6：乾隆《内府舆图》图影 ———————————— 6

图 7：光绪朝《南疆勘界日记图说》之"香妃坟" ————— 8

图 8：喀什香妃墓外景（2012 年 7 月） ————————— 9

图 9：容妃吉服像 ————————————————— 10

图 10：乾隆元年乾隆画像 —————————————— 11

图 11：清东陵裕陵 ————————————————— 12

图 12：香妃戎装像 ————————————————— 14

图 13：香妃画像 —————————————————— 16

图 14：台北藏清内阁大库《新编五代史平话》书影 ———— 18

图 15：原国立北平图书馆外景 ———————————— 19

图 16：台北故宫博物院外景 —————————————— 20

图 17：嘉庆朝《西域舆图》之新疆总图 ————————— 23

图 18："石舟自书校阅图说"方章 ——————————— 25

图 19：张穆画像 ———————————————————— 26

图 20：祁寯藻肖像 —————————————————— 28

图 21：《西域释地》书影 ——————————————— 29

图 22：《西域水道记》图影 —————————————— 30

图 23：嘉庆朝《西域舆图》图影 ———————————— 32

图 24：日本宽政十二年（1800）刊本《西域闻见录》封面 — 35

图 25：《西域闻见录》书影 —————————————— 35

图 26：《西域闻见录》图影 —————————————— 36

图 27：光绪刊本《新疆舆图风土考》之哈密、巴里坤舆图 — 37

图 28：《西域闻见录》之"外藩列传上" ———————— 38

图 29：乾隆朝抄本《回疆志》卷之三"苹果　石榴" ——— 39

图 30：《钦定皇舆西域图志》之"屯政二·阿克苏" ——— 39

图 31：嘉庆朝（1814）《西域记》（左）与光绪朝
　　　《新疆舆图风土考》（右） ——————————— 40

图 32：《汉西域图考》之《汉西域图》1 ———————— 41

图 33：《汉西域图考》之《汉西域图》2 ———————— 42

图 34：《汉西域图考》之《地球全图》 ————————— 44

图 35：《新疆地舆总图》书影 —————————————— 46

图 36：《新疆地舆总图》图影 1 ————————————— 47

图 37：《新疆地舆总图》内页 —————————————— 48

图 38：《新疆地舆总图》图影 2 ————————————— 49

图 39：1908 年《喀什噶尔城市简图》 ——————————— 52

图 40：华俄道胜银行纸币 ———————————————— 53

图 41：喀什噶尔的清朝官员 ——————————————— 55

图 42：喀什噶尔的清朝兵丁 ——————————————— 56

图 43：喀什噶尔的中国戏院 ——————————————— 57

图 44：清末艾提尕尔清真寺及寺前的巴扎 ————————— 58

图 45：艾提尕尔清真寺（2012 年 7 月） ————————— 59

图 46：1907 年的喀什噶尔街市和清真寺
　　　（买卖废铁和长筒靴） ————————————— 60

图 47：1910 年喀什噶尔街景 —————————————— 60

图 48：1908 年《喀什噶尔城市简图》（局部） ——————— 62

图 49：1929 年英国驻喀什噶尔总领事馆大门外景 ————— 63

图 50：原英国领事馆近照 ———————————————— 64

图 51：原英国领事馆内景近照 —————————————— 65

图 52：马噶特尼在英国驻喀什噶尔领事馆 ————————— 66

图 53：马格里 ————————————————————— 67

图 54：《新疆全图》封皮 —————————————————— 70

图 55：恒慕义（Arthur W. Hummel） ———————————— 71

图 56：1930 年恒慕义购进的清中期彩绘
　　　《海疆洋界形势全图》 ———————————————— 72

图 57：《新疆全图》之总图 ———————————————— 73

图 58：《新疆全图》之《西湖全图》 ———————————— 74

图 59：清代徕宁城鸟瞰图 ————————————————— 78

图 60：清代徕宁城城墙遗址（2012 年 7 月） ———————— 79

图 61：1954 年疏勒城北门旧照 —————————————— 80

图 62：关云长像 ————————————————————— 82

图 63：《新疆地舆总图》中的"关帝庙" —————————— 83

图 64：1910 年星星峡西关帝庙旧照 ———————————— 85

图 65：奇台东地大庙 ——————————————————— 85

图 66：察布查尔锡伯自治县乌珠牛录乡关帝庙遗址 ————— 86

图 67：瑞典传教团喀什噶尔总部外景旧照 ————————— 88

图 68：1929 年瑞典传教团成员（左）与维吾尔家庭 ———— 90

图 69：瑞典传教士（中）在喀什噶尔印刷所车间 ————— 92

图 70：瑞典印刷所印制"南疆边防总司令部军用纸币" —— 93

图 71：乾隆朝《新疆地舆总图》之《新疆总图》 —————— 95

图 72：清中期《新疆全图》之乌鲁木齐 —————————— 96

图73：清末乌鲁木齐满城西门 —————————— 97

图74：1875年的巴里坤满城街市 ————————— 98

图75：嘉庆朝《西域舆图》之喀什噶尔与英吉沙尔 —— 99

图76：佟丽娅骑射照 ————————————— 101

图77：清朝锡伯族西迁新疆路线图 ———————— 102

图78：嘉庆朝《西域舆图》之伊犁地区 —————— 103

图79：巴音布鲁克草原 ———————————— 106

图81：土尔扈特部西迁与东归图 ————————— 107

图80：巴音郭楞蒙古自治州位置示意图 —————— 107

图82：渥巴锡画像 —————————————— 108

图83：嘉庆朝《西域舆图》之塔尔巴哈台（雅尔地区）— 109

图84：乾隆朝《西域图册》之《土尔扈特图》 ——— 110

图85：嘉庆朝《西域舆图》之喀喇沙尔（开都河流域）— 113

图86：清代巩宁城遗址（2012年7月）—————— 115

图87：乾隆朝《新疆地舆总图》之总图 —————— 116

图88：嘉庆朝《西域舆图》之总图 ———————— 118

图89：1910年伊犁惠远城鼓楼旧照 ——————— 119

图90：1924年和田城旧照 ——————————— 120

图91：和田清代城市城墙遗址（2012年7月）——— 121

图 92：乾隆皇帝画像 —————————————— 122

图 93：乌鲁木齐的林则徐塑像 ———————— 123

图 94：乾隆朝《新疆地舆总图》之阿克苏 ———— 124

图 95：嘉庆朝《西域舆图》之阿克苏 —————— 125

图 96：光绪朝《南疆勘界日记图说》之阿克苏 —— 126

图 97："三山夹两盆"示意图 ————————— 128

图 98：西天山南北道路交通示意图 —————— 129

图 99：《进呈伊犁由那林河草地至喀什噶尔图说》图影 — 130

图 100：冰岭道（今夏特古道）———————— 131

图 101：清军进击准噶尔部示意图 ——————— 132

图 102：光绪朝《南疆勘界日记图说》之贡古鲁克岭 — 133

图 103：乌什县以北地貌照片（2015 年 8 月）——— 134

图 104：乾隆戎装画像 ———————————— 137

图 105：乾隆朝《新疆全图》之格登山 ————— 138

图 106：光绪朝《南疆勘界日记图说》之格登山碑 — 139

图 107：乾隆朝进击准噶尔部示意图 —————— 140

图 108：格登山记功碑碑亭 —————————— 141

图 109：格登山记功碑 ———————————— 142

第一章 舆图与皇权

乾隆皇帝、传教士与新疆大地测量

舆图是国土疆域、山川河流的形象图记,历来被认为是一个国家主权和领土的主要凭证。"国家抚有疆宇,谓之版图。版言乎有其民,图言乎有其地。"(《清史稿·何国宗传》)因此,历代王朝都十分重视舆图的绘制。

图1:法国传教士蒋友仁

1761年,这一年已经是法国传教士蒋友仁(Michael Benoist,1715—1774)来到中国的第16个年头,乾隆皇帝决定交给他一项重要任务——将新疆大地测量成果增补入康熙《皇舆全览图》中,编绘成为全新的乾隆《内府舆图》。

蒋友仁之所以能够受到乾隆皇帝信任、被委派如此重要的工作,主要是因为之前他在建筑、天文、地理等方面的杰出表现。1747年，蒋友仁被乾隆皇帝委派参加建造圆明园之属园——长春园的"西洋楼"建筑群，主要负责其中人工喷泉的设计和施工指导，人工喷泉当时称为"大水法"。1747年，第一个大水法"谐奇趣"完工后，蒋友仁又设计指导了蓄水楼、养雀笼、黄花阵、海晏堂、远瀛观等多处水法工程。现在北京大学未名湖西侧水中的这一石刻"翻尾石鱼"（如图2），就是当年"谐奇趣"主楼前喷水池中央的装饰物。

近年来，海内外闹得沸沸扬扬的"十二生肖兽首"（如图3），就是蒋友仁监修的海晏堂前的"十二牲像喷水池"的一部分。在池子正中有喷水台一座，两边各六尊代表中国十二属相的兽面人身铜雕，每兽轮流喷水两小时，至正午则同时喷水注入池中。这

图2：北京大学未名湖中的"翻尾石鱼"（2016年6月）

图 3：龙首与虎首

些中西合璧的大水法设计，颇具匠心，是中国宫廷中前所未见的奇景，深得乾隆皇帝喜爱。

蒋友仁除了具有非凡的建筑才华外，在天文、地理等方面同样有很深造诣。1760 年，为庆祝乾隆皇帝五十大寿，蒋友仁绘制进呈了一幅精美的世界地图——《坤舆全图》，图高 1.84 米，长 3.66 米，分东西两半球，球径各 1.4 米。之后，也就是第二年，1761 年，他被委派编绘乾隆《内府舆图》。

乾隆《内府舆图》是在康熙朝《皇舆全览图》基础上增绘而成的。康熙年间，西方传教士雷孝思（Jean Baptiste Regis）、马国贤（Matteo Ripa）、白晋（Joachim Bouvet）、杜德美（Petrus Jartoux）及中国何国栋、索柱、明安图等，以天文观测与星象三角测量方法进行，采用梯形投影法绘制，在实地测量基础上编绘成了《皇舆全览图》。当时在新疆只是对东疆的哈密地区进行了实地测量，绘制了《哈密全图》并收入总图。

1755 年，乾隆平定准噶尔部；1759 年，平定大小和卓之乱，最终统一天山南北。乾隆皇帝颁布谕旨："西师奏凯，大兵直抵

图4：乾隆晚年朝服照

伊犁，准噶尔诸部尽入版图……其山川道里，应详细相度，载入《皇舆全图》，以昭中外一统之盛。"（《清高宗实录》）

这一时期，除了蒋友仁在清朝宫廷服务外，还有一批西方传教士供职于钦天监，这是掌管观测天文气象和编制历书的机关，同时负责对新归附部落和地区进行山川地理测量。在乾隆皇帝颁布谕旨后，相关人员先后分两批（1755年和1759年）赴新疆进行大地测量，蒋友仁并未参与这两次新疆实地测绘，参与其事的是另外两名葡萄牙传教士。

1755年6月，平定准噶尔部的战争正在进行时，清朝派出何国宗、明安图、富德以及葡萄牙传教士傅作霖和高慎思，赴天山以北的准噶尔部驻地进行实地测绘。何国宗、明安图是这次测绘的负责人。何国宗为顺天大兴人，官至礼部尚书；明安图为蒙古正白旗人，精于天文历算和数学等。

傅作霖（Felix da Rocha）曾任钦天监最高官职监正，在平定大小金川之战中，曾受命到前线监制火炮。位于北京市西城区北营房北街（马尾沟）教堂的墓碑上刻有"屡次奉命出差西路回部、两金川等处测量绘图"，其中"回部"是清代文献中对于新疆南疆的习称。高慎思（P. Josede Espinha）也曾官至监正，墓碑与傅作霖同在一处，中文与拉丁文的墓碑拓片如图5所示，其中注记"（乾隆）二十年、二十四年两次派往伊犁绘图"（图5红色竖线部分）。

第一次新疆大地测量的区域主要是以往由准噶尔部控制下的天山以北地区，伊犁、博罗塔拉等处，包括南疆的吐鲁番地区及开都河流域，并深入到巴尔喀什湖以西的吹河、塔拉斯河流域，最远到达中亚的布哈拉（Bukhara，今乌兹别克斯坦第三大城市）。

1759年，原准噶尔部统治下的南疆地区也归入清朝版图，乾隆皇帝谕令："自哈拉沙尔以西迄于叶尔羌、和阗，新疆内附诸境，命使测量，一如准部。"简单来说，就是进行南疆测绘工作。同年农历五月，明安图、傅作霖再次赴新疆进行大地测绘，为时将近一年，至1760年农历三四月间结束。回京后，他们加紧绘制舆图，于1761年农历六月，根据测绘数据绘制出了新疆地图，这是我国第一次使用现代测绘方法绘制的新疆地图。

图5：耶稣会士高公（高慎思）之墓墓碑拓片

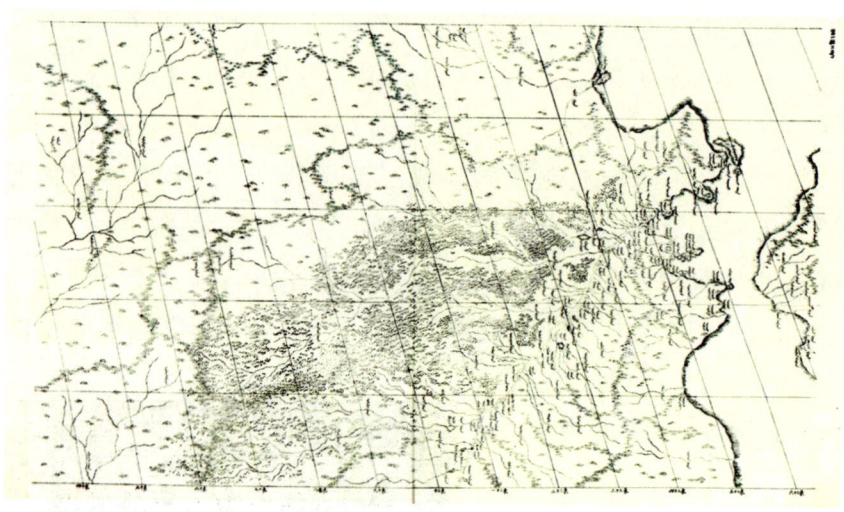

图6：乾隆《内府舆图》图影

1761年，蒋友仁接到的任务就是将这两次新疆大地测量的成果增补入康熙《皇舆全览图》，编绘为最新的舆图——乾隆《内府舆图》（如图6所示）。这幅地图以纬度5°为一排，共十三排，所以又称为《乾隆十三排图》。该图所绘地域北达北冰洋，东至东海，南到中国南海，西南达印度洋，西至波罗的海、地中海和红海，这是中国历史上最完整的实测地图，也是当时世界上最早、最完善的亚洲大陆全图。西方著名学者李约瑟高度评价该图的意义，"中国在制图方面又一次走在了世界各国的前面"（《中国科学技术史》）。

乾隆皇帝平定准噶尔部与大小和卓之乱，将新疆纳入版图，西方传教士共襄盛举，编绘舆图，"以昭中外一统之盛"。"图言乎有其地"，乾隆皇帝之于中国，功莫大焉！

◎ 主要参考文献

阿音娜:《乾隆朝对天山南北地区的测绘活动》,《民族史研究》,2012年

汪前进:《乾隆十三排图定量分析》,《中国古代地图集》(清代),文物出版社,1997年

鞠德源:《蒋友仁绘坤舆全图》,《中国古代地图集》(清代),文物出版社,1997年

远嫁皇帝的西域女人：满身溢香的嫔妃与她的传奇

　　1882年，即清光绪八年，巴里坤领队大臣沙克都尔扎布奉命与俄国使者勘分边界，将沿途山川、道路、城镇等状况详细记载入《南疆勘界日记图说》一书。该书不仅书记每日行经，而且绘制沿途重要景观。通过观赏形象化的地图，我们可以直观地看到当时当地的重要地理景观。

　　图7是沙克都尔扎布绘制的清光绪年间喀什噶尔（今喀什市）一带的状况。地图方位是上北下南、左西右东。图中红色方框框注的"喀什噶尔"是清代的汉城，即今天的疏勒县所在，"回城"是清代喀什老城，即今天的喀什市所在，这两座城市均使用形象化的城门符号表示。在喀什老城东北方向绘制有带有院墙的穹形建筑符号，标注为"香妃坟"。图形符号与图8香妃

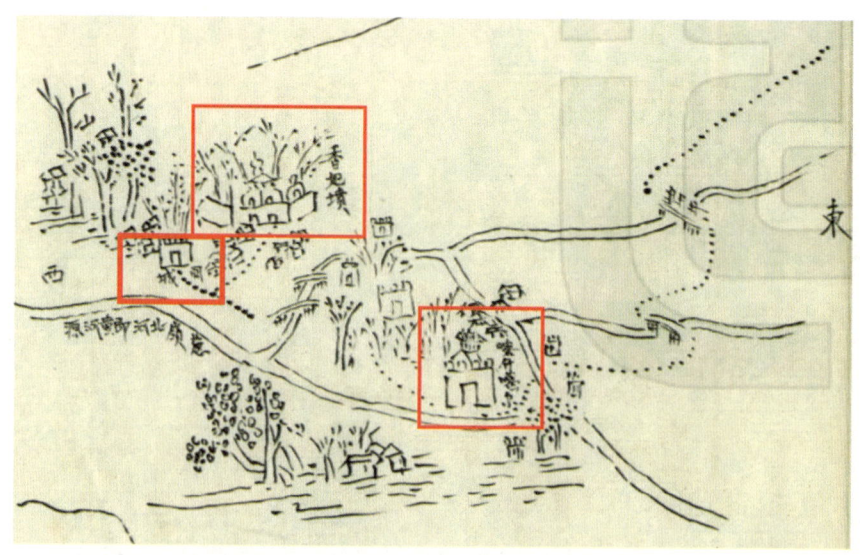

图 7：光绪朝《南疆勘界日记图说》之"香妃坟"

图 8：喀什香妃墓外景（2012 年 7 月）

墓实景照片相对照，可以发现地图使用的是写实性画法，与实物形态大体一致。

"香妃"这一带有诗意的名字，前些年在热播的《还珠格格》中曾出现过，这位满身溢香的神秘西域女子及其与风流天子乾隆皇帝的情缘，经过电视剧的传播而为人们所津津乐道。"香妃"的故事，并非琼瑶阿姨的杜撰或创造，她只是嫁接、加工了原有的"香妃"故事，重新塑造了"香妃"的美好形象。

自清末以来，已经有以"香妃"为题材的京剧、小说等多种形式的文艺作品流传于世。琼瑶在创作《还珠格格》中的"香妃"形象时，肯定受到了已有文艺作品的影响。此外，根据图 7 中"香妃坟"的标注，可以知道，在清末光绪年间，"香妃"这一美好词语即已出现在清代文献中，"香妃坟"已经是当地较有名气的一处地理景观。

2012年7月,我曾到喀什市的香妃墓(如图8)参观,并延请当地导游介绍,得知这是一处家族墓地。乾隆皇帝宠妃香妃死后,大皇帝尊重香妃的宗教习俗和思乡之情,万里迢迢将其回葬家族墓地。香妃魂归故里,安葬于斯。这个故事,生动感人,然而导游介绍中夹杂了部分历史事实、部分文学杜撰,两者相互杂糅,事实并非如此简单动人。

事实上,历史上并没有"香妃"这个人物,关于她的传奇故事,是文学作品塑造出来的。只是在塑造这个人物的时候,确实是存在一个人物原型的。她的原型就是乾隆皇帝的"容妃",也是乾隆皇帝唯一的维吾尔嫔妃。

历史上真实的容妃,生于雍正十二年(1734),乾隆二十六年(1761)27岁入宫,乾隆三十三年(1768)34岁封为容妃。按照清室典制,皇帝除皇后一人外,尚有"皇贵妃一,贵妃二,妃四,嫔六,贵人、常在、答应无定数",可见容妃在后宫中地位是相当高的。图9为容妃吉服像,据研究这是现存不多见的容妃画像,画像中服装是举行盛大吉庆活动时穿戴的所谓"吉服"。

容妃是乾隆皇帝唯一的维吾尔嫔妃,也是清朝二百多年历史上唯一的维吾尔嫔妃。为什么她会从遥远的西域嫁入皇宫?这要从她的显赫身世说起。

图9:容妃吉服像

容妃,和卓氏,是新疆南疆上层人士之女。和卓(Khwaja),是波斯语的汉语音译,意思是"圣裔",专指伊斯兰教创始人穆罕默德的子孙;在元代、明代译作"火者",清代史籍多译为"和卓"。容妃与著名的大小和卓同属于17世纪南疆白山派首领阿帕克和卓的后裔,大小和卓与清军为敌,对抗乾隆统一新疆,而容妃的兄长亲戚图尔都等则反对大小和卓,与清朝合作进攻大小和卓,胜利后受到乾隆皇帝嘉奖。家族成员在赴京觐见乾隆皇帝后被封为辅国公、台吉等官职,并留居北京。

图10:乾隆元年乾隆画像

容妃就是在乾隆二十五年(1760)跟随家族进京的。据说乾隆皇帝宴请平叛有功之臣及家属,就在这次宴会上,容妃以出众的美貌和机警聪慧受到乾隆的注意,并被召入宫中,封为贵人。容贵人入宫后,受到乾隆的格外恩宠。乾隆三十年(1765),乾隆皇帝第四次南巡下江南,亲自点将,要图尔都、容嫔兄妹陪伴,并且乾隆曾将身边宫女赐予图尔都为妻。这次出行不久,容嫔晋升为容妃。

容妃在清宫中生活了28年,乾隆五十三年(1788)去世,享年55岁,后被安葬在河北遵化的清东陵裕陵(乾隆陵寝,如

图 11：清东陵裕陵

图11）。埋葬她的棺木上有手写的阿拉伯文的古兰经。这就是容妃的真实人生经历。

容妃在乾隆年间去世后，葬在了河北遵化的清东陵，并未回葬喀什噶尔的家族墓地。现在喀什市东北的香妃墓（如图8），实际上在清代文献中多称为"和卓坟"。这里确实是容妃的先祖白山派首领阿帕克和卓创建的家族墓地，当地人称之为"海孜来特麻扎尔"，译意为"尊者之墓"，也有人称之为"阿帕克和卓麻扎尔"。在清代嘉庆年间（1796—1820）和宁《回疆通志》及道光年间（1821—1850）徐松《西域水道记》等重要典籍中，记载为"和卓坟"。至少在清中期文献中，并未出现所谓"香妃"的记载。

"香妃"这一诗意名字的出现和出名，是在清末民国初年，拜一些野史所赐。传说中的"香妃"与真实的容妃，她们的共同点体现在都是嫁给乾隆皇帝的西域维吾尔女人，出身都是西域喀什的和卓家族。在这一基本框架下，以容妃为原型，一些稗官野史、"路边社"大肆发挥，塑造出了美好动人的"香妃"形象和异彩纷呈的"香妃"传奇。

光绪十八年（1892），萧雄在《西疆杂述诗》中将"和卓坟"较早地称为"香娘娘庙"，记载"庙形四方，上覆绿磁瓦，中空而顶圆"，善男信女常来祭拜求福。该书后被收入《关中丛书》等文集，流传较广。后来的一批猎奇笔记类著述，如《满清外史》《满清稗史》《清稗类钞》《古今宫闱秘闻》《清朝野史大观》《今烈女传》中，出现了关于"香妃""香妃墓"的各种不同演绎，"香妃"形象也逐渐丰满，逐步被塑造成为"体有异香"的西域奇女子。

光绪三十三年（1907）的《今烈女传》中演绎，清朝平定西域后，得到一位美女，乾隆皇帝收为妃，深得乾隆喜爱。然而香妃心怀家恨，阴藏叛逆之心，表示要以死报父母被杀之仇。乾隆感念她的悲壮之志，施以恩惠，将她养起来。太后得知后，乘乾隆外出郊祭的时候，下令处死香妃。乾隆回宫知悉后，悲痛不已。这个故事用小说家的笔法，杜撰出了强悍的太后、深情的乾隆、如烈女般的香妃和虚无的家仇等极具故事张力的形象和情节。

宣统三年（1911），李孟符著《春冰室野乘·国朝烈女传》中，则更进一步，进行了更大的发挥和扩展。该书记载王妃"有绝色之美"，"体有异香，不假熏沐，国人号之曰香妃"。在平定新疆时，乾隆皇帝就已经知道西域香妃的传说；战后，统帅兆惠生擒香妃并送至北京，乾隆收入宫中。香妃每见乾隆，如冰霜般冷淡，百问不答一言。乾隆派宫女去劝，香妃亮出匕首说，家破亲亡，决心以死报之，皇帝如果强迫，我就如愿了。宫女欲夺匕首，香妃说，你们要强夺，我就自杀。宫女未敢多言。乾隆听说也没办法，

丝路撷珍——舆图世界中的新疆故事

图 12：香妃戎装像

只好宽容待之。为解香妃故土之思,乾隆仿建西域市集、礼拜堂等。过了几年,太后乘乾隆去天坛祭祀,召来香妃问话。香妃答道,我不能复仇雪耻,但求一死。太后遂命人将其绞死。这个故事更加细腻,添加了更多细节描述。乾隆皇帝讨好香妃的情节,有些地方颇类似于周幽王烽火戏诸侯以博冷面美人褒姒一笑的故事。

1914年,在北京紫禁城西华门浴德堂展出了一张《香妃戎装像》(如图12),在展览中附有三百字左右的《香妃事略》。画像上的香妃,身穿紧身铠甲,腰佩宝剑,英姿飒爽,有英武之气和秀丽之美。

据研究,这幅画像确实出自清朝内廷,只不过画像中是乾隆皇帝的女儿,一位喜欢戎装的公主,而不是容妃或所谓的"香妃"。我们只能说,这次展出有哗众取宠之嫌。不过,这确实是第一次向公众展现所谓"香妃"画像,在人为构建"香妃"形象上,迈出了由文字描述到鲜活画像的重要一步,为不少好事者所追捧。

1916年,蔡东藩在《清史通俗演义》中,更是编造虚构了几千字的一段故事,背景来自历史,情节基本为杜撰。故事是说香妃原为敌酋王妃,平叛后清军将叛匪家属押解到北京,乾隆皇帝在庆祝大典上发现了"绝色妇人"香妃,收之入宫,但是香妃不愿顺从,后被太后绞死。

1949年新中国成立后,出现了京剧《香妃》《香妃恨》。《香妃》的情节更加离奇:乾隆皇帝听说香妃美艳绝伦后,才决定发兵征讨新疆,生擒敌人妃子香妃,带入皇宫,香妃不从,被太后药死。《香妃恨》的情节则与《香妃事略》基本相同。

1982年天津京剧团推出了新编京剧《香妃》,主要情节是:香妃随其兄图尔都帮助清朝平定新疆大小和卓叛乱后,应召入京,

图 13：香妃画像

后选为乾隆妃子。这时，新疆的一股武装因过去受到蛊惑逃往沙俄，现在幡然悔悟，意欲回归祖国。乾隆听从香妃意见，宽宥他们回归祖国，加以安抚。但是奸臣阿睦暗中破坏阻挠，派刺客行刺乾隆未遂，诬陷香妃是行刺的内奸。太后听信谗言，囚禁香妃并定为死罪。后来乾隆查明真相，救出香妃，处死阿睦。

　　京剧《香妃》这个故事中，除了刺杀乾隆等情节荒诞外，基本有历史的影子。容妃是香妃的原型，其兄确实是图尔都；幡然悔悟后回归祖国的武装，应该是乾隆年间从伏尔加河回归祖国的土尔扈特部；而奸臣阿睦，历史原型应该是反叛清朝的准噶尔部的阿睦尔撒纳。

　　总之，目前所见清代史籍中，并未发现容妃"体有异香"等曼妙传奇的记载。真实的历史上，她仅是较受乾隆恩宠的一位西域维吾尔女子而已，她与乾隆过的也仅是较为和睦的皇室生活而已。在修订这篇文章时，我发现一个有意思的地方，比对容妃画像（图9）和乾隆画像（图10）来看，两人很有夫妻相。

　　然而，经过文艺作品的渲染加工，乾隆皇帝被冠以"风流天子"的名号，容妃被塑造成为满身溢香的西域"香妃"，再加上棒打鸳鸯的刻薄寡恩的太后，以及后宫深闱、家仇国恨、儿女情长等调料，肯定会成为迎合大众胃口、满足猎奇心理的饕餮盛宴。不知不觉中，历史上高贵的容妃，就变身成了供大众消费的文艺作品中的"香妃"了。

真实的容妃葬在了河北遵化的清东陵，在遥远新疆喀什的所谓"香妃墓"肯定是容妃的家族墓地。今人兴致盎然参观的"香妃墓"中的一处"轿子车"，应该是清朝咸丰年间（1851—1861）容妃家族的族人在去世后回葬于家族墓地的"轿子车"，或者也可能是容妃的衣冠冢。

其实，大部分传奇形象都会经过或多或少的艺术加工，很多历史上的人物和故事，也是在经过艺术渲染后才更加有生命力。"香妃"这一美好形象也是这样，当"容妃"被演绎成"香妃"后，远嫁皇帝的西域女人，才由一个故事演变成一个传奇。

2012年7月，我到喀什香妃墓参观时，曾看到一幅流传甚广的香妃画像（图13）。画像中的香妃，相貌端庄，眉清目秀，一身贵妇打扮，当时我也曾驻足观看良久。香妃故事的原型是容妃，不知这幅香妃画像的绘画原型是谁，但这不妨碍我们透过她的柔和目光感受她的传奇。

◎ 主要参考文献

纪大椿：《喀什"香妃墓"辨误》，《"丝绸之路与文明的对话"学术讨论会文集》，2006年

徐鑫：《历史上的"香妃"画像之谜》，《紫禁城》，2012年第3期

刘先照：《历史上的容妃与艺术上的香妃》，《民族研究》，1985年第6期

清内阁大库藏《哈密图》的坎坷身世

近代中国，国事衰微，列强环伺于外，兄弟阋墙于内，域内生民困苦流离，典籍珍宝散佚世间。世事沉浮，典籍珍宝或越洋跨海，或辗转迁徙，或毁于战火，与民众同罹战乱之苦。这篇文章介绍的《哈密图》最早为清朝宫廷藏图，现藏于台北"国立故宫博物院"图书文献处。

这幅《哈密图》目前并未公开舆图图像，我们暂时无缘看到这幅珍贵宫廷藏图的真容。然而，通过一些图录可以了解到这幅地图的一些基本信息：卷轴装，纸本彩绘，地图中绘制有经纬

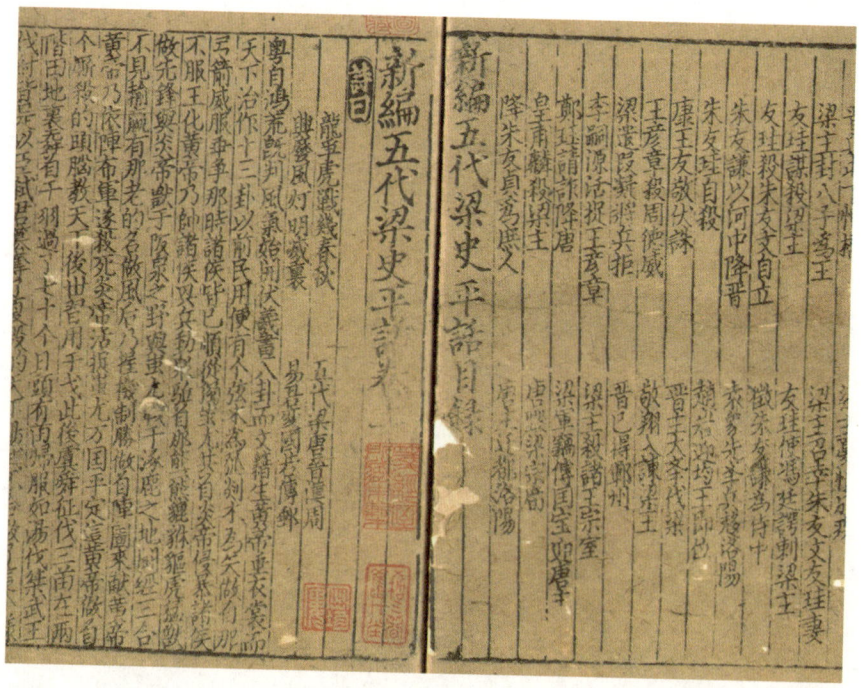

图 14：台北藏清内阁大库《新编五代史平话》书影

图 15：原国立北平图书馆外景

线，并且同时标注满文、汉文的文字注记。此外，该图图宽1.505米、长3.855米，图幅相当宽大。根据这些信息，可以推断这是一幅难得一见的精品之作。

《哈密图》最早藏于深宫大内的清内阁大库，这里是清代存放重要档案文书与书籍资料的皇家库房。清代内阁大库典藏丰富，不仅存有明代天启（1621—1627）、崇祯（1628—1644）年间档案以及满洲入关前的盛京旧档，而且藏有入关后形成的题本等各种档案、图册、试卷等。根据档案文种划分，包括红本（题本）、史书、实录、圣训、起居注、敕书、诏书、表章、各种档册、舆图、明档、满文老档等。

清代内阁的地址，在故宫博物院午门内东南隅，在内阁之东，有两个大库，分别为书籍表章库和红本库。大臣呈报的办理政务的题本，在皇帝阅览后由阁臣用朱笔将意见誊写于题本上，统称为红本。

清宣统二年（1910）为推行新政，张之洞等奏请设立京师图书馆（北平图书馆前身），以北京城内后海广化寺僧寮为馆址，属

图 16：台北故宫博物院外景

学部管辖，又称学部图书馆。1915 年至 1928 年间，馆址转为北京方家胡同国子监南学旧舍。筹备之初，议定以翰林院、国子监以及内阁大库残本为基础典藏，其中特别从内阁大库红本中拣拾出明清旧本舆图一百余种，转交京师图书馆庋藏。这批明清旧本舆图自交拨之始，就因性质特殊而有统一的舆图编号。

1928 年 5 月，京师图书馆改为国立北平图书馆。1932 年，北平图书馆舆图部将这批内阁大库流出的明清旧本舆图编成《国立北平图书馆藏清内阁大库舆图目录》，共计 184 种 295 件，其中就有《哈密图》。1935 年，日军南侵，华北形势危急，北平图书馆奉命拣选库藏珍本、敦煌写经、明清古地图、金石拓片及重要典籍，运往上海租界及南京存放。

至 1949 年，上述文物又被跨海转运至台湾。关于北平图书馆藏图运往台湾的史实，中国国家图书馆的出版物中曾详细说明原委，"抗日战争爆发前夕，为防不测，馆藏清内阁大库舆图和逐年购得的特藏地图随大批文物运往南京。其后国民党政府撤离大陆时，将 300 余种计 8 大箱舆图运至台湾，存于台北国立中央图书馆"。

"国立中央图书馆"为民国政府的国立图书馆,1933 年创建于南京,后迁至台北,于 1996 年在台北更名为"国家图书馆"。在该馆 1985 年出版的书目中著录《哈密图》来源为"北平",即来自北平图书馆。可见,《哈密图》入台之初,确实存于该馆。1985 年,台湾教育部门将《哈密图》及北平图书馆善本图籍,从"国立中央图书馆"拨交"国立故宫博物院"统一典藏。

清内阁大库红本库之红本,基本为各级官员上报办理政务的题本,在皇帝御览后由阁臣用朱笔将意见写于本上。由此推测,原藏于红本库的《哈密图》应该是清代官员呈报政务的随折上奏材料。至此可以得知,这幅随折上奏的官绘本《哈密图》应该是基于政务需要而绘制并呈报清中央政府,在阅览后留存于清内阁大库红本库。清末为筹建京师图书馆而将其从清内阁大库转出,抗战时期被迫与北平图书馆珍藏一同南迁至南京,后转入台湾,先存于台北"国立中央图书馆",现存于台北"国立故宫博物院"图书文献处。

由宫内到宫外,由北京、南京至台北,昔日皇帝御览的新疆舆图,跨越海峡,如今栖身于台北故宫博物院。现存的清代新疆舆图本就不多,如此图幅宽大的彩色官绘本舆图更为稀见。将来如能查阅该图并展开研究,于我来说,实乃一大幸事。

◎ 主要参考文献

王耀:《台北故宫藏新疆〈哈密图〉流转路径史事考》,《中国边疆学》(第三辑),社会科学文献出版社,2015 年

第二章 舆图与士人

张穆、《西域舆图》及士人交游

中国国家图书馆藏有一套绘制精美的《西域舆图》，该图中盖印有张穆的方章。张穆是他生活的那个时代的一位颇有声名的士人，以研治舆地之学而扬名。

张穆是嘉庆（1796—1820）、道光（1821—1850）朝勃兴的西北史地学的代表性人物，同时也是承上启下的人物。他与同时代及之后的祁韵士、徐松、何秋涛、沈垚、魏源、龚自珍及李文田等人皆有渊源，且与其中部分士人私交甚笃。这些人在嘉庆、道光朝边疆危机初现之时，注重经世致用之学，相互切磋，传抄史地书籍，校订文稿，刊布著述，致力于西北史地学的研究，使西北史地学几成一时之显学。如梁启超所评价："自乾隆后边徼多事，嘉道间学者渐留意西北边新疆、青海、西藏、蒙古诸地理，而徐松、张穆、何秋涛最名家。"（《清代学术概论》）

下面从《西域舆图》入手，介绍张穆与他的朋友圈及其生活的时代。

一、士人的边疆情怀——《西域舆图》

《西域舆图》现藏于中国国家图书馆，1函1册，经折装，彩绘本，采用中国传统的山水画技法绘制，地图中主要表现新疆的

图 17：嘉庆朝《西域舆图》之新疆总图

山脉、河流、湖泊、城池、道路等。该图册共计 17 幅舆图，其中总图 1 幅（如图17），分图 16 幅，每图皆附有图说。

以下面《新疆总图》为例，该图方位为上南下北，与现在惯常的地图方位正好相反。图幅东起嘉峪关（地图左边浅蓝色围墙处），西达葱岭，绘制了天山南北路的交通路线以及沿途山川城池等事物。图后附有"新疆总图说"，介绍新疆的四至八到，并具体介绍了天山南北的道路、城池等。

分图共计 16 幅，绘制表现上述新疆主要城市及其周边的交通路线、山水、城、堡、台、卡伦（类似于今天的边防哨所）等。

各图说则详细介绍了各地区的疆域范围、城池的建制沿革、兵备等情况。

地图的绘制年代或表现年代,按照惯例,在古地图上都不会清楚标绘出来。我们只能依据图说文字及地图绘制内容等信息,结合相关历史知识,尽量作出符合史实的推断。

就这套地图而言,第一,在《阿克苏图说》中介绍了城池整修状况,提到"阿克苏……(旧城)盖地势卑下,易被水患,今镇城即嘉庆十六年被水后重修也",由此推之,该图成图时间或表现年代应该在嘉庆十六年(1811)之后。第二,我国古代盛行避讳制度,皇帝的名字是避讳中的重点。新皇登基后,一些地名与皇帝名字重字或重音者,需要避讳改写。比如雍正皇帝胤禛即位后,河北的"真定"改写为"正定"(今正定县),江苏的"仪真"改写为"仪征"(今仪征市)。同样道理,道光皇帝旻宁即位后,带"宁"字的地名,一律改写为"甯",比如"江宁"(今南京)改写为"江甯"。以此为线索,可以发现在《西域舆图》中出现的带"宁"字的地名一律没有改写,比如会宁城、徕宁城、宁远城、惠宁城等。因此,推断该图绘制年代或表现年代当在道光皇帝即位(道光元年,1821年)之前。综合来看,时间可以定在1811—1820年间,即嘉庆中后期。

从这套地图的绘制内容来看,其中部分透露出了嘉庆、道光年间"经世致用"的治学思想,这应该与地图编绘者张穆的学术思想一脉相承,体现了张穆关注边疆的家国情怀。

二、张穆的际遇及其生活时代

在《西域舆图》的"新疆总图说"右下角钤印有"石舟自书校阅图说"的红色方章(如图18),张穆,字石舟,由此可以确定该图编绘者为张穆。

张穆，山西平定人，初名瀛暹，字诵风、蓬仙，一字石州，又署石舟、硕洲，别署季翘、月斋，晚年号靖阳亭长。清嘉庆十年十月初九（1805年11月29日）出生于山西平定，道光二十九年十一月初九（1849年12月22日）病逝于北京，年45岁。父亲张敦颐，嘉庆十六年进士，曾任编修，被委派为福建正主考，在赴任福建正考官途中，暴病逝于浙江建德县海面舟中。张穆年幼失去双亲（10岁丧母、13岁丧父），15岁投靠表舅莫宝斋。1831年，张穆被选拔为贡生，1832年考取正白旗教习。

图18："石舟自书校阅图说"方章

张穆生性豪放，不拘小节。1839年，34岁的张穆参加顺天乡试，入考场时，他带一壶酒入场，监考人员命令他把酒扔掉，张穆拿起酒壶一饮而尽，然后才将酒壶扔掉。因其行径狂悖，监考者大怒，命人打开行李进行搜查，搜遍笔墨纸砚、衣服后，一无所获。张穆捧腹大笑，指着自己肚皮说："这是我的书箱，夹带的文章全装在这里边，你们能搜出来吗？"监考者更加愤怒，命令将张穆携带的一切物品重新细细检查，最后在笔筒中找到一小片废纸，上面有一行字。监考者以此为凭证，诬陷张穆携带纸条作弊，将他押送刑部。后经辩白获释，却失去了考试机会。张穆也失去了继续参加科举考试考取功名的资格，之后他长期居住在北京宣武门外，闭门读书，一心著述。

张穆在西北史地学方面的最重要著作是《蒙古游牧记》，对蒙古各部落所在内外蒙、新疆、青海等地区的历史地理以及各部

丝路撷珍——舆图世界中的新疆故事

图 19：张穆画像

落起源等进行研究。这部书是研究蒙古历史、地理的重要参考书，受到国内外学者的重视，从19世纪末起，曾被译为俄文、日文。此外，张穆还有《俄罗斯补辑》《魏延昌地形志》等著述。

张穆生活在嘉庆、道光年间，自1759年乾隆统一新疆后，至此时，西北边疆再次出现危机。嘉庆末年，大小和卓后裔张格尔在中亚浩罕国支持下，不断入寇，侵扰新疆天山以南地区。至道光年间，为祸更烈，攻占南疆城市，劫掠民财，引发南疆多地骚乱。不得已，道光皇帝动员数万军队，远赴边陲，平定叛乱，生擒张格尔并押赴北京处死。自嘉庆二十五年（1820）至道光十一年（1831），张格尔为祸边疆长达十余年。在这样的时代背景下，讲求经世致用之学的张穆开始关注西北史地之学。中国国家图书馆藏《西域舆图》应该就是在这样的时代背景和忧国忧民的心境下产生的。

三、前贤祁韵士、挚友祁寯藻

道光十一年（1831），张穆时年27岁，拜访祁寯藻，因为张穆的三兄张丽遝娶了祁寯藻的妹妹为妻，所以两人有姻亲关系。祁寯藻时年39岁，在南书房任道光帝讲官。两人相见后，彼此留下了很好印象，从此开始长达十几年的交往。张穆后半生的读书、交友、著述乃至生活，得到了祁寯藻的大力关怀和支持。

祁寯藻（1793—1866），山西寿阳县人，嘉庆进士，官至首席军机大臣、体仁阁大学士、太子太保。他曾为三代皇帝授课：道光年间，在翰林院任侍讲学士，经筵讲官，为道光帝讲习经书；咸丰年间，为体仁阁大学士兼任讲官，为咸丰帝讲治国方略，授用人之道；同治年间，在弘德殿为同治帝授课，人称"三代帝师"。一人一生为三代皇帝授课，实属罕见。

祁寯藻的父亲祁韵士，是清代西北史地学方面的重要代表人物。祁韵士（1751—1815），生于乾隆十六年，死于嘉庆二十年，年65岁。乾隆四十三年，中进士，入翰林院。

祁韵士与其子相比，官运一般，主要是在学术研究领域成绩斐然。入翰林院后学习满文，后任国史馆纂修官，受命编纂《蒙古回部王公列传》。嘉庆十年（1804），祁韵士在任户部主事期间因为宝泉局（相当于造币厂）的亏铜案，被发配至新疆伊犁。时年54岁的祁韵士"时经一百七十余日，路经一万七百余里"，到达边陲重镇伊犁，人生轨迹发生重大逆转。然而，他却在此开启了

图 20：祁寯藻肖像

西北史地研究之路。在几年遣戍生活中,他专心于西域史地,编定了《西陲总统事略》、《西陲要略》、《西域释地》(如图21)以及《万里行程记》等著述。

然而,祁韵士在世时,著述多未刊行。祁韵士四子祁寯藻官居高位,与张穆有姻亲关系且重视其才学,因此,延请张穆校订其父书稿。这也是促使张穆开启西北史地研究的重要机缘。

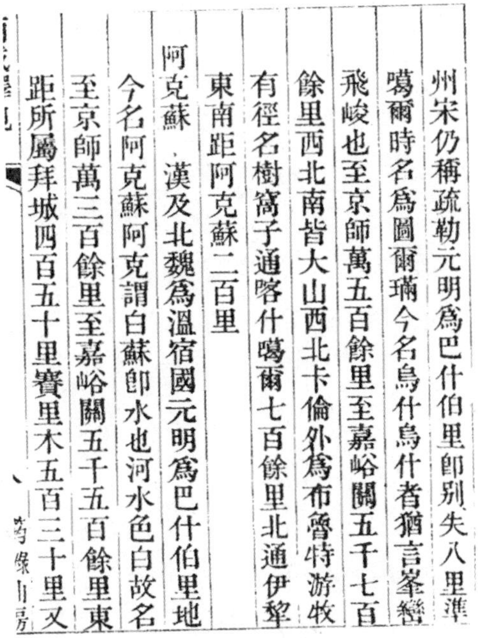
州宋仍稱疏勒元明爲巴什伯里卽別失八里準
噶爾時名爲圖爾璊今名烏什烏什者猶言峯巒
飛峻也至京師萬五百餘里至嘉峪關五千七百
餘里西北南皆大山西北卡倫外爲布魯特游牧
有徑名樹窩子通喀什噶爾七百餘里北通伊犁
東南距阿克蘇二百里
阿克蘇　漢及北魏爲溫宿國元明爲巴什伯里地
今名阿克蘇阿克謂白蘇卽水也河水色白故名
至京師萬三百餘里至嘉峪關五千五百餘里東
距所屬拜城四百五十里賽里木五百三十里又

图 21:《西域释地》书影

祁韵士在新疆期间,受伊犁将军松筠之命,编纂《西陲总统事略》,而后据此书编成个人著述《西域释地》《西陲要略》二书,生前未能刊行。在其去世二十余年后的1836年,其子祁寯藻请张穆审校二书后,方才刊行于世。此外,祁韵士在任国史馆纂修官时,利用清代档案等编纂的《皇朝藩部要略》,生前亦未能刊行。1845年,祁寯藻再次请张穆审校,并最终于1846年刊行。张穆的代表作《蒙古游牧记》的撰写,缘起于其审校祁韵士的《皇朝藩部要略》。祁书是纪年体,张书则为区域志书,体例不一,然同为研究蒙古历史的重要史料。可以说,张穆的代表作是以《皇朝藩部要略》为基石而铸就的。

我在阅读张穆编绘的《西域舆图》时,经过核对,发现其中图说文字,部分摘抄自《西域释地》一书。这套地图从一定程度上来说，可认为是张穆审校祁韵士遗稿的副产品，至少是受到祁韵士西北史地学影响的产物。祁寯藻延请张穆审校乃父遗稿，对于开启张穆的西北史地学研究，是无心插柳柳成荫之举。

张穆与祁寯藻私交甚笃，除了审校书稿外，祁寯藻对张穆生活、著述刊行等照顾颇多。张氏在京时，祁寯藻时常送银两接济生活。道光二十九年（1849）冬，张穆在京去世，祁寯藻派子祁世长为张穆料理丧事。张穆去世后，其女招姑由祁寯藻妹妹抚养，费用由祁寯藻供给。咸丰五年（1855）十一月，祁寯藻妹妹领招姑进京，祁寯藻见招姑聪慧，有乃父之风，感叹作诗，追念故人。张穆去世后，留下数种尚未刊行的著作，后经友人增补校订，在咸丰年间，由祁寯藻资助出版，其中就包括张穆代表作《蒙古游牧记》《𦱌斋文集》《𦱌斋诗集》。

四、学友徐松、魏源、何秋涛

桃李不言，下自成蹊。张穆在京城有一批志趣相投的朋友，这些人都是当时名重一时的

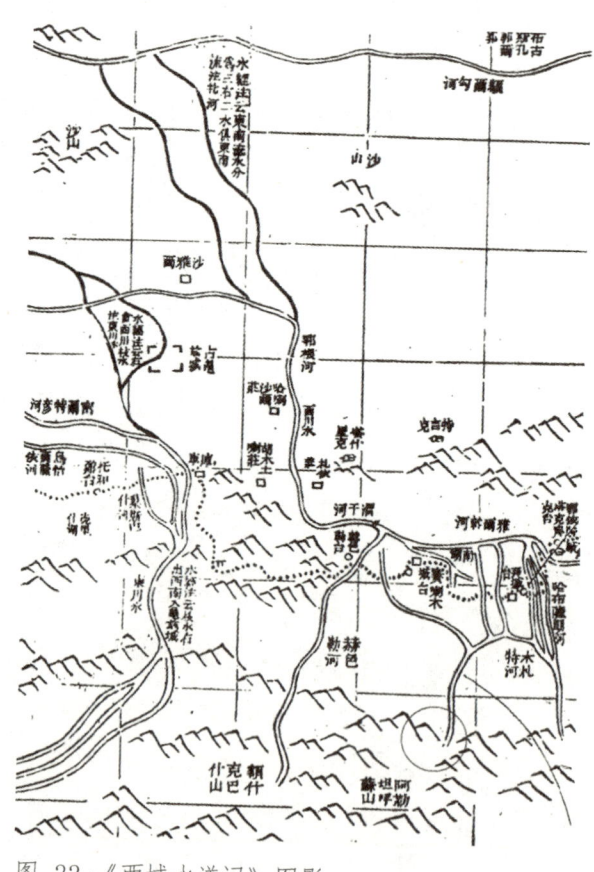

图 22：《西域水道记》图影

著名史地学家,比如徐松、魏源、何秋涛等。这批人时常宴请聚会、切磋学术、抄录古籍等,可以说形成了一个小规模的学术共同体。

徐松是嘉庆、道光年间西北史地学方面的重要代表人物,著有《西域水道记》(如图22)等传世之作。徐松(1781—1848),字星柏,北京大兴人。嘉庆五年(1800),年仅19岁中举;嘉庆十年(1805)参加会试,年仅25岁中二甲第一名进士,授翰林院编修,受到嘉庆帝赏识;嘉庆十五年(1810),30岁时出任湖南学政。徐松少年得志,可谓"春风得意马蹄疾,一日看尽长安花"。

然而,嘉庆十六年(1811),任湖南学政期间,徐松因为出考题"割裂文义"等罪,次年发配新疆伊犁。徐松在新疆七年,曾对天山南北进行了近一年的实地考察,并主持撰修、增补祁韵士留下的《伊犁总统事略》(亦名《西陲总统事略》),该书成书后由道光皇帝撰序并赐名为《新疆识略》,交武英殿刊行。从新疆获释回京时,正值道光帝刚刚登基和张格尔为祸新疆,因此,徐松得到道光皇帝召见,面询新疆情形。由此,徐松在京城名声大噪。

张穆与徐松多有交往,在西北史地学术研究上互为师友。张穆在编写《蒙古游牧记》时,曾得到徐松的帮助;张穆在审校《蒙古游牧记》时,徐松曾参与其中,校订过书中部分内容;张穆在审校《元圣武亲征录》时,曾从徐松处抄录出翁方纲藏抄本,与自己的抄本校勘。而张穆刊布的《元经世大典西北地图》以及抄录的《元朝秘史》等珍稀资料,徐松在晚年修订《西域水道记》时曾将之作为新资料予以使用。我在阅读张穆编绘的《西域舆图》的图说部分时,发现其中部分文字出自或参阅了徐松的《西域水道记》。

丝路撷珍——舆图世界中的新疆故事

与张穆同时代的魏源，因为编写《海国图志》一书，广为人知。张穆与魏源的交情非同一般，1841年秋，张穆从《永乐大典》中绘出一幅《元经世大典西北地图》，送给魏源，魏源将这幅历史地图刻入了《海国图志》，使得《元经世大典》中的这幅绘制有元代西域三大汗国（钦察汗国、察合台汗国、伊利汗国）城邑的重要历史地图得以流传于世。

何秋涛（1824—1862），字愿船，福建光泽人。1844年进士，授刑部主事，编著有《北徼汇编》《朔方备乘》等著述。张穆编写《蒙古游牧记》，开始于道光十七年（1837），致力十年，至道光二十六年初稿基本完成，还剩最后四卷尚未完稿，即于道光二十九年去世。咸丰二年（1852），张穆的好友何绍基将《蒙古游牧记》初稿和其他诗文遗稿交给何秋涛。何秋涛接到遗稿后，终不离身，历时十年补辑、校改完该书，由祁寯藻资助刊行。

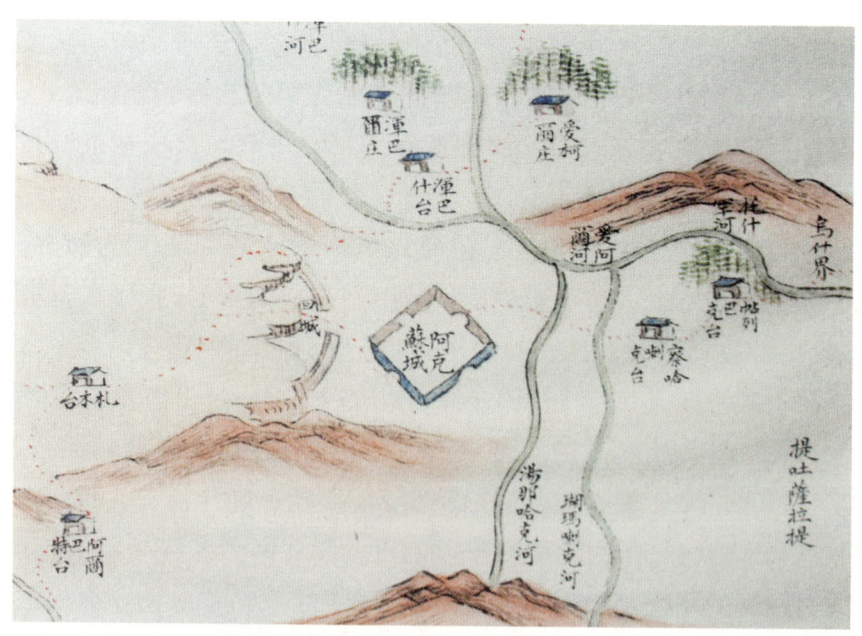

图23：嘉庆朝《西域舆图》图影

五、后学李文田

张穆在校勘、刊行、传播西北史地学重要古籍方面,贡献很大。《元朝秘史》是研究早期蒙古族历史的最重要基本史料,但是《元朝秘史》自明初汉译后流传不广,在19世纪中叶时只有少数学者能够阅读、利用,已成为珍稀秘籍。由于张穆与朝廷高官阮元、祁寯藻等交情较深,1841年秋,张穆得以借住在国史功臣馆中,从《永乐大典》中抄录出十五卷《元朝秘史》的全部汉译本。到1847年,张穆从韩泰华手中借到鲍廷博抄本《元朝秘史》后,仔细校对自己抄出的版本,然后刊刻发行。

张穆在西北史地研究上,可以说是承上启下的重要人物,后世学者沿着他的轨辙,继续前行。李文田(1834—1895),广东顺德人,曾任翰林院编修,官至礼部右侍郎兼工部侍郎。李文田十几岁时,张穆已去世,因此,两人生活交往上没有交集。然而,李文田倾心于西北舆地研究,仔细研读张穆整理的《元朝秘史》,而后刊行《元朝秘史注》,可以说在学脉上与张穆一脉相承。

张穆在西北舆地研究上,上承接自祁韵士,得祁寯藻助力,中与徐松、魏源、何秋涛等学友唱和,下启李文田等后学前行轨辙,是清嘉庆、道光年间西北舆地学的承前启后的重要学者。一套《西域舆图》,虽说不如张穆编著的《蒙古游牧记》声名显赫,但是参阅了祁韵士《西域释地》、徐松《西域水道记》等同时代著述,滋养和沐浴了时代的光华,《西域舆图》的小小图影背后无疑刻写着张穆的跌宕人生及百余年前旖旎壮阔的时代画卷。

◎ 主要参考文献

郭丽萍:《道光朝西北史地学人学术交游述略》,《太原师范学院学报(社会科学版)》,2005年第2期

马汝珩、张世明:《嘉道咸时期边疆史地学的繁荣与经世致用思潮的复兴》,《中国边疆史地研究》,1992年第1期

余大钧:《清代学者张穆及其对我国西北史地学的贡献》,《内蒙古大学学报(哲学社会科学版)》,1984年第2期

王惠荣:《山西学者与嘉道年间的西北史地学研究》,《山西师大学报(社会科学版)》,2009年第3期

张承宗:《张穆、何秋涛对边疆历史地理的研究》,《史学史研究》,1983年第3期

郭丽萍:《祁韵士与嘉道西北史地研究》,《北京理工大学学报(社会科学版)》,2004年第6期

刘长海:《祁寯藻与张穆交游考略》,《文史月刊》,2003年第12期

满洲人西游记：七十一与《西域闻见录》

一提到《西游记》，我们一般会想到神话故事中头戴凤翅紫金冠、身披黄金锁子甲、脚蹬藕丝步云履、挥舞如意金箍棒、乘着筋斗云的齐天大圣孙悟空，抑或是《长春真人西游记》中远赴阿富汗兴都库什山面见成吉思汗的全真教丘处机。

这里提到的"西游记"，肯定不是神话故事，里面不会出现上天入地的神仙人物，而是类似于长春真人丘处机的游历见闻一类的游记，里面更多是作者游历西域南疆的纪实类文字。

《西域闻见录》（如图24）的作者是满洲正蓝旗人，姓名十分有意思，名七十一，姓尼玛查，号椿园。在图25中署名为

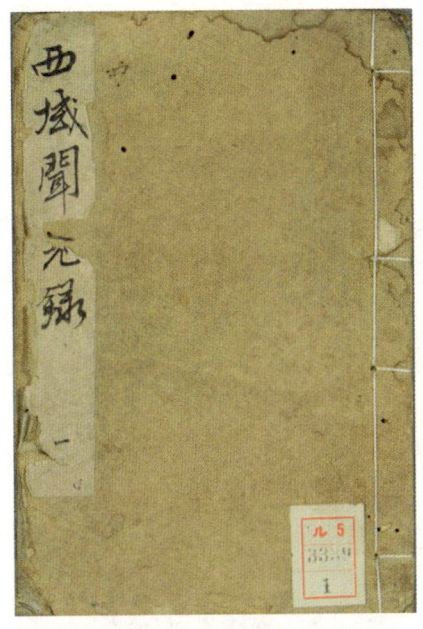

图 24：日本宽政十二年（1800）刊本《西域闻见录》封面

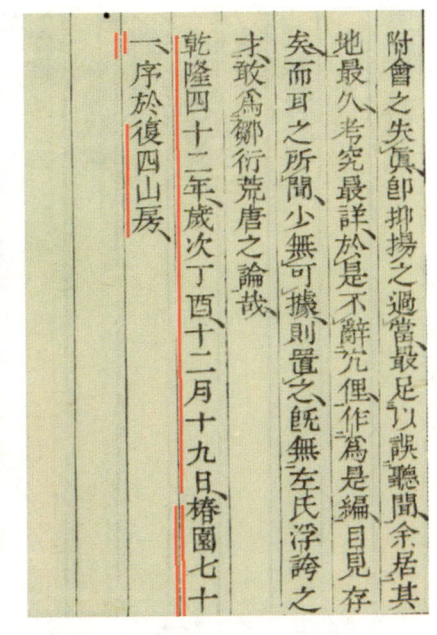

图 25：《西域闻见录》书影

"椿园七十一"（红色双竖线），在其他一些刊本中有时也署名为"长白七十一椿园"。在学术研究中，一般称之为"七十一"或"椿园"。

七十一的姓"尼玛查"，是有说道的。尼玛查氏，满语为 Nimaca Hala，又写作尼玛察、倪马查、专图尼马察，源于元朝旧姓"乃马真"，源出元朝时期蒙古乃马真氏族部落，这一部落世代居住在尼马察、潒野、讷殷、喜禄河、珲春、黑龙江沿岸等地。这个姓氏其实是蒙古语，后来被满语借用，再后来尼玛查氏改用汉姓：杨、榆、张、佳、尼、倪、鱼、和、障。

根据姓氏，知道七十一祖先来自蒙古乃马真部落，七十一后来入旗为满洲正蓝旗。从其署名"长白七十一椿园"及其他一些记载，知道七十一祖籍为吉林长白山，来自清朝的龙兴之地。

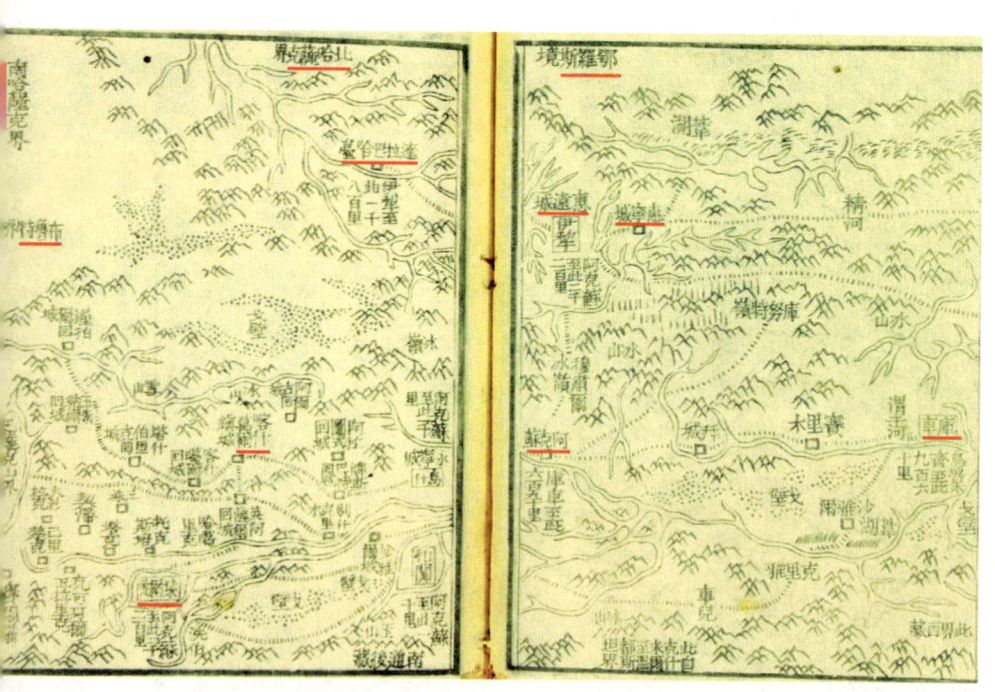

图 26：《西域闻见录》图影

舆图与士人

七十一生活在乾隆年间,乾隆十九年(1754)甲戌科进士,列九十四名。后来曾在河南武陟县任职,继而"西出阳关,逾河源三千余里",远赴新疆,曾在库车任职粮员,西游十余年,于乾隆五十年前后返京,任职于刑部。《西域闻见录》就源于七十一在新疆的生活经历,书成于西游期间。

图26为《西域闻见录》中舆图图影。这幅

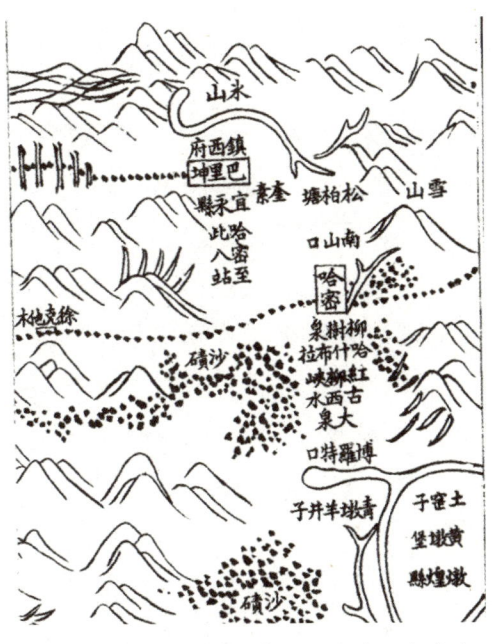

图 27:光绪刊本《新疆舆图风土考》之哈密、巴里坤舆图

墨刻本地图,色调较为单一,绘制较为粗疏。图中以较简单的方框标绘出了伊犁惠宁城、惠远城、库车、阿克苏、塔尔巴哈台、喀什噶尔、叶尔羌、和阗等南北疆重要城市,并以较简洁的线条绘制出了山川、河流、沙漠、湖泊、道路等事物,同时在新疆四周标绘出了俄罗斯、北哈萨克、南哈萨克、布鲁特等外藩(城市及外藩名称见图26中红线部分)。

《西域闻见录》成书于乾隆四十二年(1777),卷首为舆图,共八卷。据七十一自序,如图25中红色竖线所示,"乾隆四十二年岁次丁酉十二月十九日",于"复四山房"。《西域闻见录》在刊行后,因为价值较高而被后世多次翻刻,《新疆舆图风土考》(如图27)就是后世翻刻版本之一。

37

《西域闻见录》卷一、卷二为新疆纪略，描述新疆各地历史沿革及官制、兵额、人口、赋税、物产和城池等；卷三、卷四为外藩列传（如图28），记述哈萨克、布鲁特等部落风俗、习惯、种族、物产及与清廷关系等；卷五、卷六为西陲纪事本末，记载准噶尔、阿睦尔撒纳和大小和卓等叛亡事以及乌什事件、土尔扈特回归等；卷七为回疆风土记，记录新疆风俗物产；卷八为新疆道里表，列新疆南部各军台、驿站位置及远近。

《西域闻见录》虽然是一部私人撰述的著作，但是仍然具有较高学术价值。毕竟，在乾隆二十四年（1759）统一新疆之初，能够亲履其地并留下详细文字记载的著述，并不多见。

就这一时期的古籍记载来看，乾隆三十七年（1772）成书的《回疆志》（如图29）与乾隆四十七年（1782）成书的《西域图志》（如图30）这两部官修志书，记载更加可信准确，来自官方档案等记载，而七十一在新疆生活十余年，耳濡目染，所述见闻虽未必准确，却也是自成一家之言，为我们提供了观察当时新疆状况的一扇窗口。

正是因为认可《西域闻见录》的价值，所以在其刊出后，人们不断以不同书名翻刻，各种不同刊本散存于海内外各大图书馆。清代，《西域闻见录》在全部或部分被翻刻后，曾以《遐域琐谈》、《外

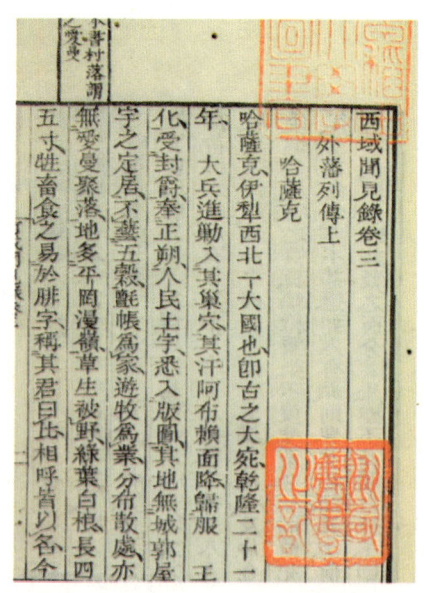

图28：《西域闻见录》之"外藩列传上"

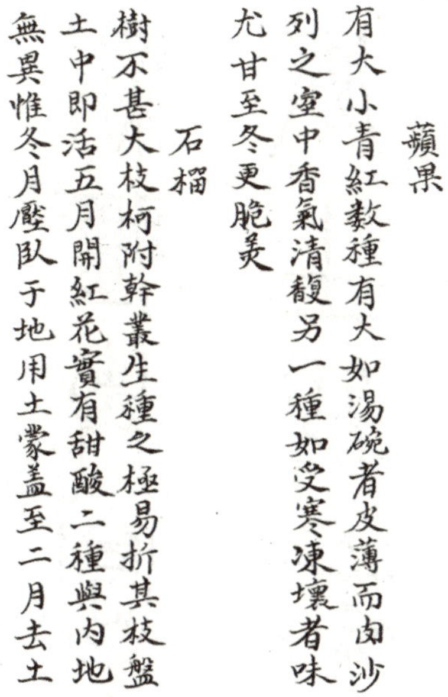

图29：乾隆朝抄本《回疆志》卷之三"苹果　石榴"

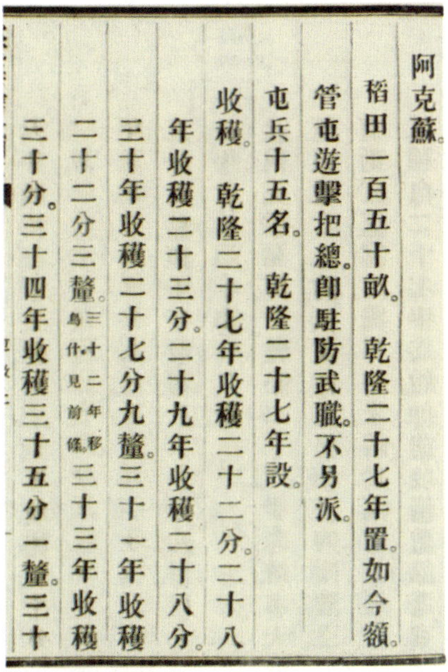

苹果　有大小青红数种，有大如汤碗者，皮薄而卤沙列之空中香馥，清馥另一种如受寒冻坏者尤甘至冬更脆灵

石榴　树不甚大枝柯附干丛生种之极易折其枝盘土中即活五月开红花实有甜酸二种与内地无异惟冬月压卧于地用土蒙盖至二月去土

图30：《钦定皇舆西域图志》之"屯政二·阿克苏"

阿克苏　稻田一百五十亩。乾隆二十七年置如今额。管屯游击把总即驻防武职不另派。屯兵十五名。乾隆二十七年设。收获　乾隆二十七年收获二十二分二十八。年收获　乾隆二十七年收获二十三分。三十年收获二十七分九釐三十一年收获二十九分。三十二年移乌什前条。三十三年收获三十分。三十四年收获三十五分一釐三十。二十二分三釐鸟什前条。

藩纪略》、《西域纪要》、《西域记》(如图31)、《西域总志》、《异域琐谈》、《西域旧闻》、《新疆舆图风土考》(如图31)、《西域琐谈》、《异域舆情便览》等书名刊行于世。从该书的翻刻次数及众多书名，也可以看到坊间对该书的追捧和时人对于西域知识的渴求。

说到《西域闻见录》记载准确性问题，清代学者祁韵士、徐松等人指出，该书多是耳闻，尤其是乾隆平定准噶尔、平定大小和卓等历史记载，多有失实。我在使用该书时，也发现了一些记载错讹的地方。

这与七十一担任库车粮员这一较低级别官员的经历有关。在当时新疆范围内，在库车粮员这一职级之上，至少还有库车办事大臣、总理回疆参赞大臣和伊犁将军。七十一只是一名普

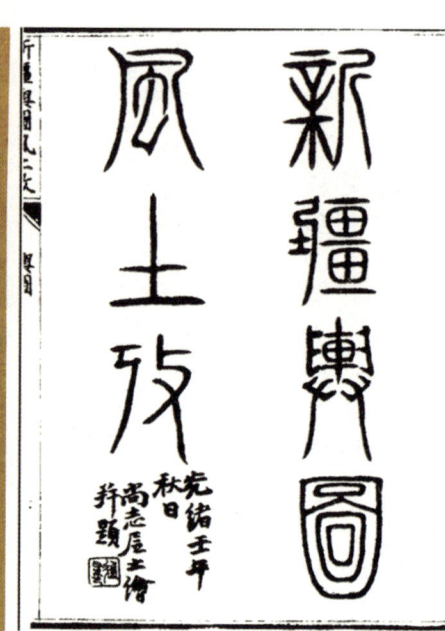

图31：嘉庆朝（1814）《西域记》（左）与光绪朝《新疆舆图风土考》（右）

通官吏，并未职掌一方大权，很难接触到地方行政档案等可靠资料，撰写著述多是耳闻，有错讹之处，在所难免，似乎不应苛求过甚。

七十一为衙署小吏，于史无闻，然其著述《西域闻见录》却传之后世，供后人品评，亦可谓不负平生西游之行矣！

◎ 主要参考文献

王耀：《乾隆朝〈西域闻见录〉中库车"户口"记载辨析》，《历史档案》，2015年第3期

高健：《〈西域闻见录〉异名及版本考述》，《中国边疆史地研究》，2007年第1期

不只是汉代西域故事：李光廷与《汉西域图考》

李光廷（1812—1880），字著道，号恢垣，番禺化龙山门村人。清咸丰元年（1851）中举人，次年中进士，任吏部封验司主事，曾主讲禺山书院，于同治九年（1870）刊出《汉西域图考》。

李光廷著述的《汉西域图考》，应该说是清朝人绘制的历史地图，就像中小学历史课本中的《秦统一六国图》《太平天国征战图》等表现历史状况的地图一样，利用地图来讲述历史故事。然而，李光廷所讲述的汉代西域故事，却不仅仅是汉代故事，也不仅仅是传统观念中的西域故事。

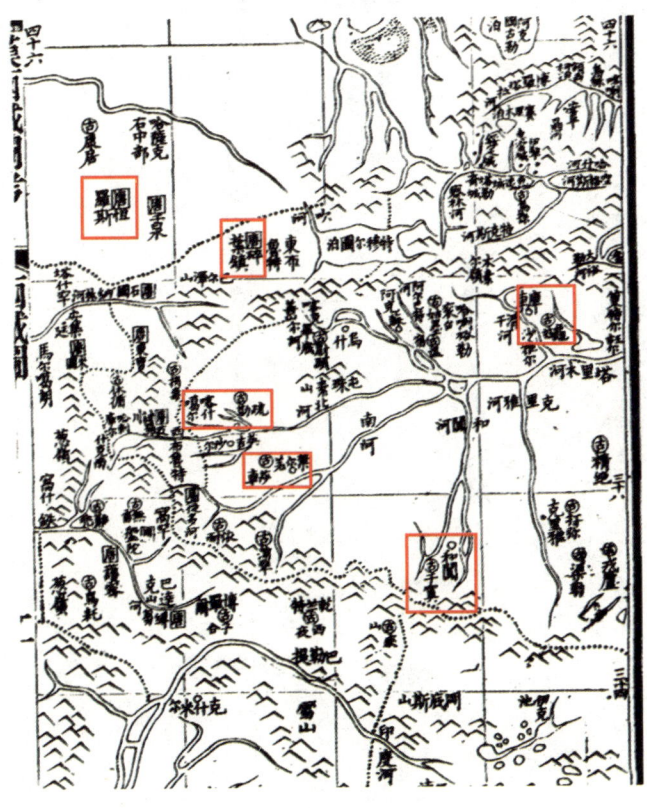

图 32：《汉西域图考》之《汉西域图》1

如图 32 所示，这幅地图方位为上北下南，左西右东，涵盖的地域范围主要是今天新疆南疆西部和北疆伊犁地区以及今哈萨克东部、克什米尔地区等与新疆毗邻的中亚一带。地图中主要绘制了这一地域内的河流、山脉、湖泊等，尤为具有特色的是在清代地图基础上，标注汉代、唐代地名。比如图 32 中红色方框所标识的"库车 古龟兹""和阗 古于阗""叶尔羌 古莎车""喀什噶尔 古疏勒"，均在清代地名旁标注汉代西域诸国的旧称；另外比如"唐 碎叶镇""唐 怛罗斯"，则同样在清代地图上标注唐代著名军镇、战事发生地等地点。其中汉代地名用圆圈圈注"古"，唐代地名用方框框注"唐"。可见，所谓《汉西域图

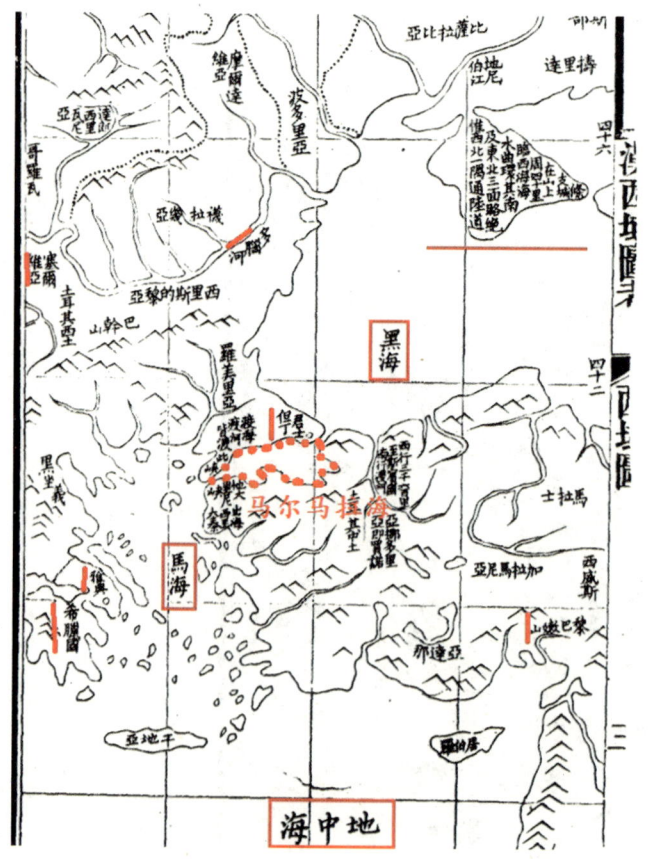

图 33：《汉西域图考》之《汉西域图》2

考》内容并不限于汉代,亦表现唐代,这是前文认为该图籍"不仅仅是汉代故事"的原因之一。

原因之二在于李光廷编绘的这套历史地图,其根本立足点还在于经世致用,考古意在有用于时、有用于世。清同治年间,国事日益糜烂,西北动荡,外敌环伺。道光年间张格尔之乱,咸丰、同治年间陕甘回民起义,同治三年阿古柏入侵新疆,同时英国、俄国在中亚争雄并染指新疆,边疆危机日甚一日。在这样的时代背景下,李光廷虽然编制历史图景,但是并非沉浸于学术考据之途而迷不知返,"古今时势不同,筹边者所宜知也",用意在于"筹边",在于为解决边疆危机提供历史镜鉴。所谓"项庄舞剑,意在沛公",李光廷写的是"汉代故事",意在当世"清代"治理。

至于为什么说《汉西域图考》编绘的不仅仅是传统观念中的西域故事?因为西域有狭义、广义之分,一般认为的西域,多指玉门关、阳关以西,葱岭(今帕米尔高原)以东,巴尔喀什湖东、南及新疆广大地区。而广义的西域则不仅包括狭义的西域,而且远达中亚、西亚乃至欧洲。《汉西域图考》中地图的涵盖地域则更为广阔,甚至绘制南美洲、北美洲、非洲等环球地理状况。

如图33所示,地图涵盖的地域主要是今黑海沿岸、地中海东部的土耳其及希腊等东南欧地区。从图幅来看,绘制的地图已经与今天相差不远,在1870年出版的地图中已经出现了很多今天熟悉的地名,如塞尔维亚、多瑙河、君士坦丁、黎巴嫩山、希腊国、雅典(红色竖线)。地图对克里米亚半岛(红色横线)标注:"条支城在山上,周四十里,临西海,海水曲环,其南及东、北三面路绝,惟西北一隅通陆道",描述具体准确。

然而,图33中也存在标注错误之处,比如"马海"(红色方框),标注在希腊以东的爱琴海。我原以为爱琴海在清代被称

图 34:《汉西域图考》之《地球全图》

为马海,后来查阅发现所谓"马海",应该是指今天的马尔马拉海,是世界上最小的海,位于图 33 中君士坦丁堡(今伊斯坦布尔)一带,即地图中用红色圆点圈绘之处。因此,《汉西域图考》是错误地将"马海"标注在了"爱琴海"上。毕竟清代人对殊远绝域了解有限,能标注基本准确已属不易,不宜苛求。

《汉西域图考》不仅详细绘制了欧洲一带,而且还编绘了《地球全图》(如图 34)。一般人看到清代的世界地图,可能会惊讶,这幅地图对于各大洲轮廓绘制如此精准,清朝人会有如此丰富的世界地理知识和如此广阔的全球视野!

这幅地图标注了当时的世界,如在北美洲西北角处标注为"俄罗斯属"(红色横线),即今天美国阿拉斯加州。可见,当时俄国还没有将阿拉斯加卖给美国，还没有做那桩当时看似划算、后来追悔莫及的卖地生意。

1741年6月，丹麦探险家维他斯·白令（Vitus Bering）率领一批俄国水手从西伯利亚出发向东寻找新大陆，7月16日他们首次发现了阿拉斯加大陆。其后，俄国人在此建设永久定居点，至1799年最终确立了对这块土地的主权。1854年，为争夺巴尔干半岛霸权，爆发克里米亚战争，沙皇俄国败于英法联军，割地求和。战后财政紧张，对于这块遥远的生活着爱斯基摩人的大片冻土，沙皇不知道留着它有什么用，想拿它卖钱，于是四处寻找买家，但无人问津。

巧合的是，1861年美国爆发南北战争，英国等列强想趁机肢解美国。美国向沙俄求助，俄国为报克里米亚战争的一箭之仇，派遣一支舰队开进纽约港，虽然一炮未发，但是雪中送炭拉了美国人一把。战后美国国务卿为报答沙俄，说你们不是卖阿拉斯加没人要吗？我们出得起钱，我们要，遂以沙皇十分满意的价格720万美元成交。1867年，星条旗第一次在阿拉斯加上空升起。后来，阿拉斯加发现大型油田，在二战及冷战期间，战略位置逐渐凸显，俄国人对于当年那桩生意已经追悔莫及了。

《汉西域图考》，所谓汉代，亦非汉代；所谓西域，亦非西域。

丝路撷珍——舆图世界中的新疆故事

笑幻道人、庚戌年、奸商与《新疆地舆总图》

中国古人信奉"天圆地方"的观念，多用"舆"这一原意为车的方形车架的字来代指方形大地，进而将承载山川、河流、城镇等事物的地图称为"舆图"。今人透过古人绘制的舆图，可以真切地感触到历史脉动。舆图无疑是图像化的中华古籍，为观察古代打开了一扇新窗口。

我曾无意间发现了一幅现藏于台北的清代《新疆地舆总图》（如图35）。该图为纸本墨绘，由光绪年间的笑幻道人转绘而来，图幅内容反映的是乾隆中期的新疆城镇、道路等状况。因为反映乾隆中期新疆状况的文献资料本就不多，所以该图作为形象化舆图更显珍贵，具有较高的学术价值。

该图的转绘者"笑幻道人"这一名字十分有趣。该图中留有一段文字："此本余得之姻弟庞培之，借抄后，随以散页置于故纸堆中。自塞入关，屈指春秋五易，固整理残编装订成帙，亦睹物思人之意也。时庚戌巧月廿三日，笑幻道人志于洗净万古愁黄河之东任运轩中。"（如图37右边所示）这其中提到庚戌年，清乾隆五十年

图 35：《新疆地舆总图》书影

46

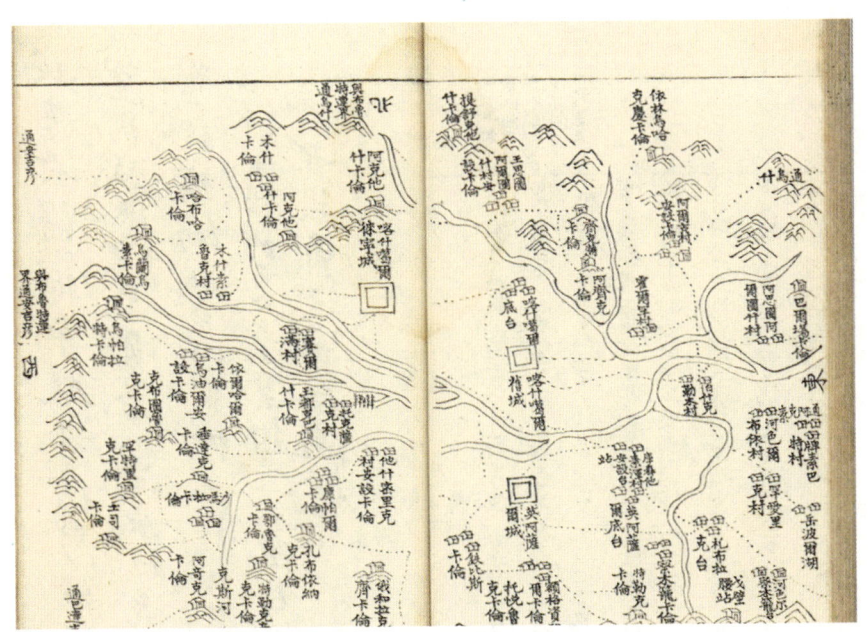

图 36：《新疆地舆总图》图影 1

（1790）、道光三十年（1850）和宣统二年（1910）均为庚戌年。图中注记所指具体为哪个年份，需要再作论证。

笑幻道人在图中留有另一段题注："谨按《三州辑略》所载地名、里数，与此新疆总图间有不符。"（如图37左边上面文字）《三州辑略》是嘉庆年间乌鲁木齐都统和瑛所著，该书初刻本现藏于国家图书馆古籍善本地方志家谱阅览室，嘉庆年间刻、道光年间印，共一函八册九卷。由此初刻本刊印年份可知，笑幻道人能够看到《三州辑略》，当生活在道光朝及之后，可以排除其于乾隆五十年抄绘的可能性，因此所谓"庚戌"年就只可能是道光三十年或宣统二年。

中国古代盛行避讳制度，比如为避汉高祖刘邦名讳而将"邦家"改为"国家"，为避雍正帝胤禛名讳而将"仪真"改称"仪征"、"真定"改称"正定"。假如该图绘制于道光三十年，应

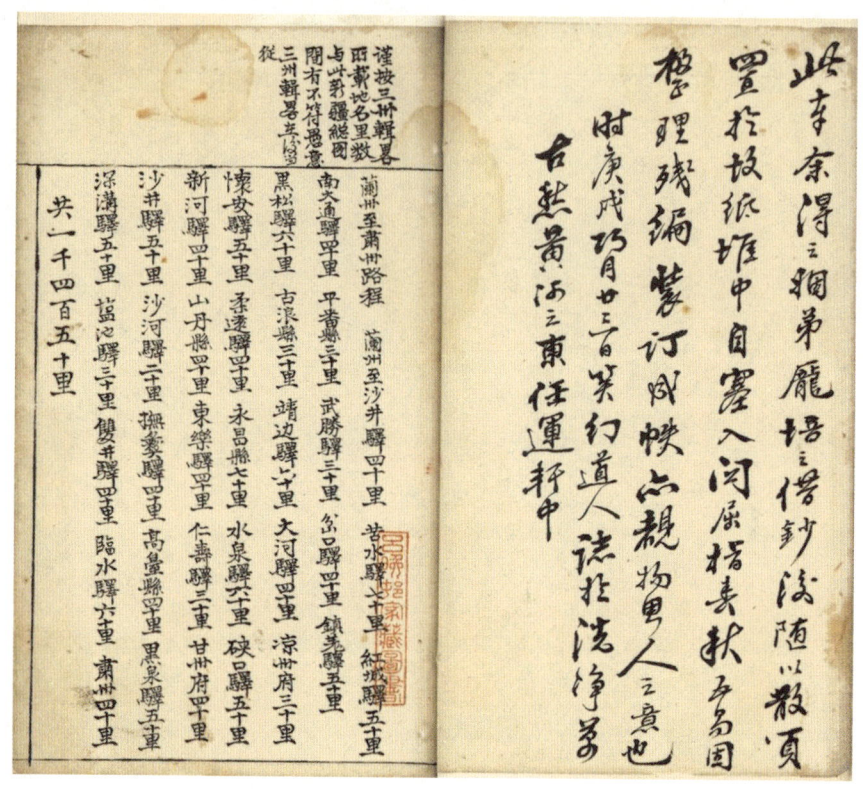

图 37：《新疆地舆总图》内页

该避讳道光帝旻宁的"宁"字而改用"寍"字，但是图中"永宁城""惠宁"等均未避讳。考虑到一般来说当朝避讳更为严格，所以推测该图抄绘于光绪年间的可能性更大，故而"庚戌"年当指宣统二年。而据图中注记"自塞入关，屈指春秋五易"的记载，笑幻道人抄绘该图应在庚戌年之前五年，即光绪三十一年（1905），而留下文字注记当在宣统二年（1910）七月（即巧月）二十三日，笑幻道人的身份极有可能是一位曾经在边地游历或任职的文人或官员。

在该图中还有一处极有意思的地方，即盖印有"吕晚邨家藏图书"朱文长方印（如图 37 左边下方红色长方印）。

舆图与士人

　　吕晚村，即明末清初的吕留良（1629—1683），号晚村，清初顺治、康熙年间不出仕于清廷，死后，雍正十年被剖棺戮尸，为清代文字狱之首，轰动一时，其著作多毁。在该图中出现康熙年间人士吕留良之印章，殊为不合时宜。因为上段中已述，该图为清光绪年间所绘，人死不可复生，吕氏于康熙二十二年（1683）已殁，岂能还魂持印穿越到光绪年间，给笑幻道人盖上一印？

　　因此，该书肯定不可能为康熙朝的吕留良所收藏。只有一种可能，就是该图曾流落于坊间，书商特意伪造、盖印吕留良的印章，藉其大名，意图诓骗他人，谋取厚利。这段小插曲极有意思，古今商人为谋利不惜弄虚作假的做派如出一辙。

　　古籍珍品经历世事变迁，身世往往无从稽考。拨开层层迷雾，如侦探般细查古人留下的蛛丝马迹，逐步拼凑、还原直至接近历史的真相，这是读古书、进行古今对话的有趣探索。

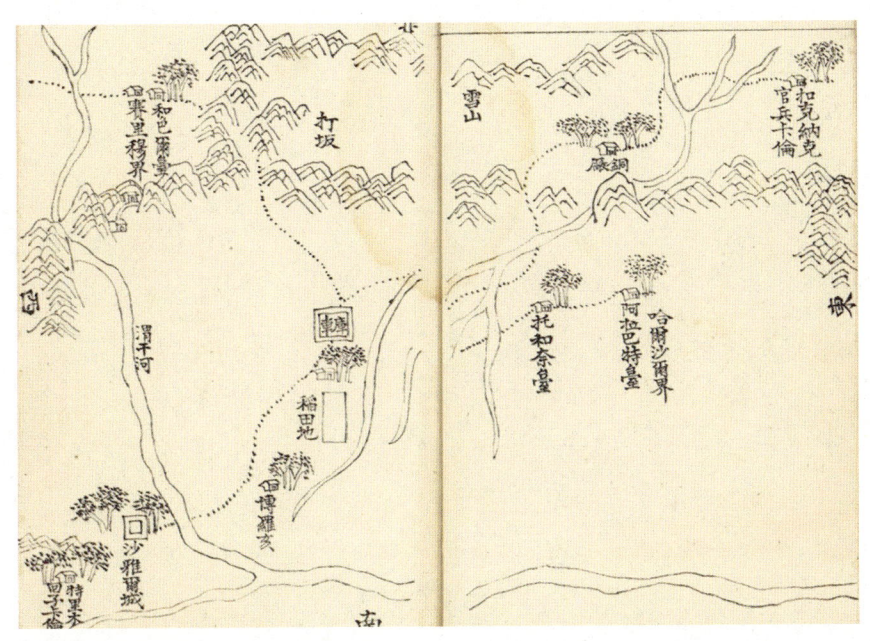

图 38：《新疆地舆总图》图影 2

看着这幅清代《新疆地舆总图》，我们虽不知所谓笑幻道人为何人，但是知道他曾生活在光绪、宣统年间，曾游历或任职于边地；我们虽不知该图的具体流传路径，但是我们知道该图出于笑幻道人之手后，曾流落于民间书肆，被狡黠书商盖印上伪造的"吕晚邨家藏图书"印章而售卖，并跨越海峡最终栖身于台北"国家图书馆"。

◎ 主要参考文献

王耀：《台北"国家图书馆"藏清代〈新疆地舆总图〉研究》，《中国典籍与文化》，2014年第3期

第三章 舆图与洋人

异域百态：凯瑟琳夫人眼中的喀什噶尔

1908年12月的一天，一位英国人绘制了一幅《喀什噶尔城市简图》（如图39）。108年后的今天，通过这幅地图，我们可以直观地看到清朝末年喀什噶尔（今喀什市）的平面地理布局和多元文化特色。

吐曼河一如既往地从城市东北流过，城市地标建筑、代表伊斯兰文化特征的艾提尕尔清真寺位于城市中央，体现清王廷军政统治的中国衙署嵌于城市中央，驻扎满、汉官兵的满城独立存在于城市外缘，象征着争雄中亚的英国、俄国两大帝国的英国领事馆、俄国领事馆在城市北门外比肩而立，中亚安集延商人聚集于喀什城北门，致力于传播基督教文明的瑞典传教团则位于城市南门外。

多元文化、多种宗教荟萃于清末的南疆重镇喀什噶尔。在那个时间、在那个地方，当地民众、清朝官兵、英国人、俄国人、瑞典人，每日穿行坐卧于城门内外，或喝茶聊天，或听戏唱曲，或种地当兵，或做官行商，或传教行医。日出日落，蓝天白云，熙熙攘攘，利来利往。

在清朝末年的一段时间，在图39所示喀什噶尔北门外的"英国领事馆"内，生活着一个名叫凯瑟琳·马噶特尼（Catherine

Macartney）的英国女士，她是英国驻喀什噶尔领事馆总领事乔治·马噶特尼（George Macartney）的夫人。1898年，这位年仅21岁的英国姑娘追随她的丈夫，从英国启程，穿过俄属中亚地区，最终到达中国新疆喀什噶尔；她在喀什北门外的英国领事馆生活了长达17年，并在此孕育、抚养了三个孩子。

在17年的异域生活中，她与图39所示的各类建筑中的各国人士有着或密或疏的关系。我们不妨借助凯瑟琳夫人特有的外国人视角和女性视角，来回看一下百年前的喀什噶尔生活百态。

俄国人在当时的喀什噶尔是一个巨大的存在，是英国人不得不与之苦苦周旋的强大势力。图39中的俄国领事馆与英国领事馆比邻，在俄、英两大帝国争雄中亚的大背景下，俄国人与英国人长期为敌，凯瑟琳夫人与他们相处并不愉快。凯瑟琳夫人拜访他们时，因为语言不通，俄国领事馆的几位夫人只会说俄语，

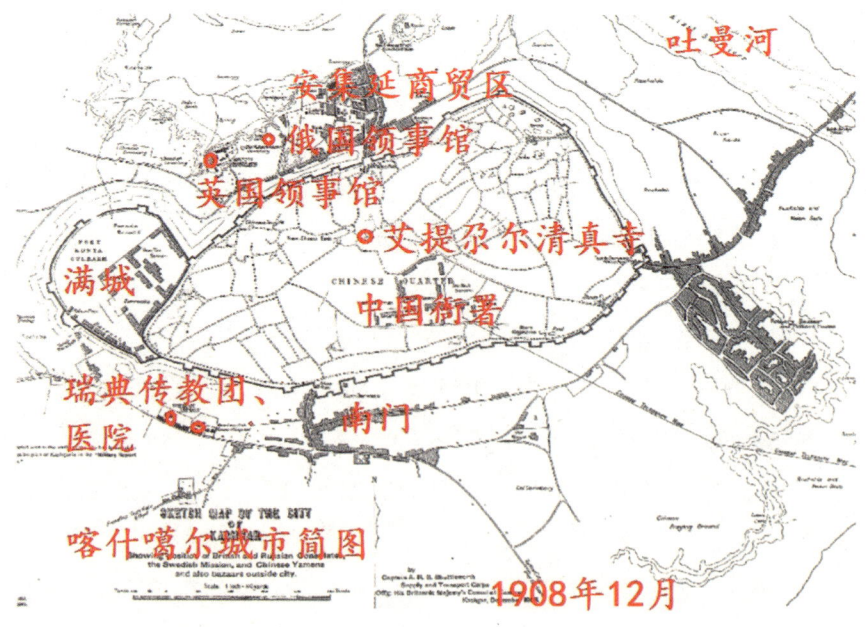

图 39：1908年《喀什噶尔城市简图》

不会说英语，加之双方互怀敌意，所以凯瑟琳夫人认为和俄国人交流是一种痛苦的负担。

清末，俄国人在新疆有巨大的经济利益和商业利益，在新疆各地倾销俄国产品。据凯瑟琳回忆，1898年，她初到喀什噶尔时，俄国产品并不多见，但是她来后不久，俄国产的衣料、日用品、家具、糖、面粉等大量出现在市场上。大街上的人们穿起了俄国纺织的大花细布做的衣服，这些印满粉红色大朵玫瑰花的布料，在凯瑟琳看来是十分俗气的。因为商贸需要，俄国人还在俄国领事馆旁边建起了欧洲风格的华俄道胜银行。

1882年11月，俄国首任驻喀什噶尔领事彼得罗夫斯基（Petrovsky）抵达喀什噶尔，起初在城市北门外租赁民房，作为办公场所。1906年，芬兰人马达汉到访喀什噶尔时，曾在俄国领事馆内居住。据他观察，俄国领事住的房屋曾是阿古柏的官邸，此外还有总领馆的办公楼以及为其他官员和60人的哥萨克分遣队建造的房屋，一所教堂和其他两座房子尚在建设当中。

在当时的喀什噶尔，还生活着一批较为特殊的外国人。如图39所示，他们集中生活在喀什噶尔北门外的"安集延商贸区"里，他们主要是中亚浩罕国来此经商的商人。

图40：华俄道胜银行纸币

清中期，浩罕国还是一个独立的中亚汗国，在道光年间曾经因为支持张格尔回疆作乱而与清朝为敌。1868年，浩罕国被俄国吞并，在新疆经商的商人随之变成了俄国属民。1879年上半年，左宗棠收复新疆后，为迫使俄国归还伊犁，清政府曾驱逐俄国商人，当时在喀什噶尔的数千名浩罕商人一同被迫迁出。

直到1882年俄国领事馆设立后，大批浩罕商人才重返喀什噶尔。他们仍旧在喀什噶尔北门外租赁、购置民房商铺，定居贸易，从而形成了图39中较为密集的"安集延商贸区"。安集延是位于中亚费尔干纳盆地上的著名商贸集散地，清代新疆人习惯上将来自中亚的商人统称为"安集延人"，故而才有地图中"安集延商贸区"之称。1929年，瑞典人雅林（Jarring）曾到过这里，据他回忆，"喀什噶尔老城有个与众不同的地方，那就是所谓的安集延区"，这里修筑有俄罗斯风格的砖房，街巷非常狭窄拥挤，主要售卖俄国货物。

在这座城市中，最有权势的还是清朝军政官员，他们负责管理这里的方方面面。图39中的"中国衙署"和"满城"，是他们及清朝兵丁、内地商人的主要居住地。清朝官员曾经宴请过凯瑟琳夫人等外国人，并给她留下了深刻印象。据凯瑟琳夫人观察，这些官员举止高雅、谈吐不凡。图41是曾经在喀什噶尔任职的清朝官员的旧照，照片中的他们身着官服，正襟危坐，像是在一个比较正式的场合留下了这张照片。

清朝官员的宴请非常隆重，菜品非常丰盛。凯瑟琳夫人在进入"中国衙署"后，第一眼就看到了一堵镶嵌有中国龙图案的影壁墙。进门后迎接她们的女主人是裹小脚的妇女，这位女主人还颇为好奇地直视凯瑟琳夫人的大脚，让凯瑟琳夫人颇感尴尬。

宴席上摆着各种各样的作料和调味品，当天第一道菜竟然是我们今天熟悉的一道佳肴——变蛋，"接着依次上了大约40道

图 41：喀什噶尔的清朝官员

菜——有肉食、菜蔬、鸡，各种各样的干鱼、海参、鸭、鱼翅、海带、莲子、藕，各种各样的蘑菇、甜食"，最后还上了香脆可口的"烤乳猪"和"燕窝汤"。这么丰盛的大餐，在今天看来也是十分令人艳羡，真让人想不到一百年前在喀什噶尔竟然能吃到海参、海带等海产品以及鱼翅、燕窝汤等高档补品。估计凯瑟琳夫人对于这餐宴请，十分享用，不然不会留下这么详细的记录。

此外，清朝官员考虑非常周全，在准备宴会时，提前派人到领事馆将刀叉等餐具取来，方便不太会使用筷子的西方客人使用。这也可以看出他们对于客人的尊重和宴请的重视。

图 42 是喀什噶尔的清朝士兵，他们留下的这张照片，在今天看来略显可笑。照片中的他们，服装各异，多是手持大刀、木棍等冷兵器，仅有一名士兵（左起第三个）手中倒握着一杆步枪。他们的生活肯定不能与吃烤乳猪、喝燕窝汤的官员相比。他们吃什么我不清楚，但是我在查阅清中期档案时曾经看到有关居住

图 42：喀什噶尔的清朝兵丁

条件的记载。南疆英吉沙尔（今英吉沙县）的清朝驻军，满洲八旗是一人一屋，绿营兵是两人一屋，这是清中期的情况。不知道到清末，他们的居住条件是否会改善一些。

其实，我们也不用太担心他们的生活。毕竟，他们也是领着国家饷银的大兵，是"国家"的人，有一份稳定的收入和还算不错的工作。也许，下班后，他们还会到中国戏院去听听戏，消遣一下。图 43 是喀什噶尔中国戏院的照片，这座戏院十分气派，门前立有中式牌楼。这处戏院内演出的才子佳人戏，不仅来自内地的民众喜欢观看，据记载同样受到很多当地维吾尔族民众和外国人的喜爱。套用句俗套的话来概括，艺术是不分民族和国界的，艺术是超越民族和国界的。

在喀什噶尔还活跃着一批来自天津的内地汉族商人，他们的精明给凯瑟琳夫人留下了深刻印象。

上文提到的安集延商人主要营销俄国商品，而天津商人的商品则主要来自内地。他们售卖丝绸、玉器、珊瑚、景泰蓝花瓶、茶壶等，这些货物做工精细、样式迷人，但是价格较高。常与天津商人打交道的凯瑟琳夫人发现，"除了做贸易买卖和经营店铺外，他们还开钱庄、放债。不管和谁做买卖，他们都会全力以赴地讨价还价。一会儿他们待你如至亲好友，另一会儿又会使出浑身解数引你上钩，而又总是满脸笑容，让你感到十分友好"。

除了与俄国人、清朝官员和普通汉族商人接触外，凯瑟琳夫人过得更多的是平凡的主妇生活。她时常穿梭于喧嚣的市集和街巷，有时采购些水果，为家人购置些鞋帽等日用品。对于喀什噶尔的日常生活，她非常熟悉。

图44是喀什噶尔标志性建筑艾提尕尔清真寺的照片，清真寺前是当地人的巴扎（维吾尔语"集市"的意思）。凯瑟琳夫人

图43：喀什噶尔的中国戏院

丝路撷珍——舆图世界中的新疆故事

图 44：清末艾提尕尔清真寺及寺前的巴扎

曾经到过这里，巴扎热闹非凡——尤其是在每周四巴扎天时，更是人山人海。如图 44 所示，当地商贩习惯于把苇席搭在街道上空，搭建凉棚遮挡阳光，商贩蹲在下面售卖货物、招呼客人。

当时，喀什噶尔的街道狭窄，地面坑坑洼洼，而且由于每天毛驴驮的水桶和运水车把水洒落在地面上，地面泥泞难行。在当时的巴扎上，广场中央是一排排水果摊子。夏天摊子上堆满了各色水果，桃子、杏、甜瓜、葡萄、无花果、西瓜等应有尽有，而且价格非常便宜，"一个大甜瓜才值两便士"，"一先令就可买回一满筐葡萄"，以至于在凯瑟琳夫人举办的宴会上，从来不上水果，因为水果太便宜、太普通了。

图 45 是我在 2012 年 7 月份到喀什市考察时拍摄的照片。现在的艾提尕尔清真寺典雅洁净，大门前的广场上已经没有人山人海的巴扎了，但是在清真寺后面的街巷里，还遍布着售卖各类物品特产的摊位。

清真寺是聚集人流的场所，人流量大就会存在商机。因此，清真寺周围往往会形成大小不等的各类巴扎。清末喀什噶尔，除艾提尕尔清真寺外，在其他清真寺前（如图46）或街巷上（如图47），还存在名目众多的各类巴扎。比如帽子巴扎，售卖各种绒帽、皮帽以及用银丝镶嵌、装饰高雅的女士帽子。此外还有棉花巴扎、印花布巴扎、铁匠巴扎、银匠巴扎等。有意思的是，还有一条街叫作虱子巴扎，是专门售卖旧衣服的集市，见识过虱子巴扎的凯瑟琳夫人认为这条街巷果然"名不虚传"。

在当时的巴扎上，茶摊是必不可少的。人们坐在那里一边喝茶，一边听着悦耳的当地音乐。操着一两件长柄乐器的演奏者和一位小鼓手组成的乐队，演奏出美妙的音乐。有时候，茶摊旁会有说书人，声情并茂地讲述故事，引得听众如痴如醉。

图 45：艾提尕尔清真寺（2012年7月）

图 46:1907 年的喀什噶尔街市和清真寺(买卖废铁和长筒靴)

图 47:1910 年喀什噶尔街景

1915年，已经38岁的凯瑟琳夫人离开了生活17年之久的喀什噶尔，返回英国。回到英国后，她与丈夫定居在英吉利海峡中的泽西岛（Bailiwick of Jersey）上，这是靠近法国诺曼底海岸的一座岛屿。在泽西岛上吹着海风的凯瑟琳夫人，应该常常会想起遥远的喀什噶尔，想起令她讨厌的俄国人、喷香的烤乳猪、精明的天津人、热闹的巴扎天、新鲜的水果、舒适的茶摊、悠扬的音乐和她17年的异域岁月。

◎ 主要参考文献

［英国］凯瑟琳·马嘎特尼、戴安娜·西普顿著，王卫平、崔延虎译：《外交官夫人的回忆》，新疆人民出版社，2010年

［瑞典］贡纳尔·雅林著，崔延虎、郭颖杰译：《重返喀什噶尔》，新疆人民出版社，2010年

［芬兰］马达汉著，王家骥译：《马达汉西域考察日记（1906—1908）》，中国民族摄影艺术出版社，2004年

"秦尼巴克"与它的主人

在1908年绘制的这幅《喀什噶尔城市简图》（如图48）中，"英国领事馆"位于城市北门外，在地图上只是深浅相间的模糊点线，我们知道在这里面曾经生活着一位名叫凯瑟琳的英国外交官夫人。实际上，她的住处"秦尼巴克"和她的丈夫乔治·马噶特尼（George Macartney）都是非常有故事的。

1890年，24岁的马噶特尼被英国政府派驻喀什噶尔。他的最初居住地就在喀什噶尔北门外的英国领事馆一带，住处有一个美丽的花园。马噶特尼特意将英语Chinese和维吾尔语Bagh（"花园"之意）合为一体，用于称呼他的住处，意思为"中国花园"，音译为"秦尼巴克"。后来，人们习惯上称呼这座英国领事馆为"秦尼巴克"。

图48：1908年《喀什噶尔城市简图》（局部）

图 49 这幅照片中的英国总领事馆，实际上建成于 1913 年，这已经是马噶特尼到喀什噶尔任职的第 23 个年头。这座英国领事馆是由瑞典传教士豪格伯格（Rev Hogberg）设计的，将欧式风格与中亚风情融为一体，颇具匠心。领事馆于 1912 年 1 月动工，1913 年 10 月竣工，共 22 间房子。建房使用的建筑材料也非常讲究，很多是从欧洲远途运输而来的。

马噶特尼夫妇与他们的 3 个子女——艾瑞克（Eric）、罗宾（Robin）和希尔薇亚（Silvia），以及 5 名维吾尔族仆人、2 名印度籍秘书、1 名印度籍医生及他们的家眷和卫兵等，就生活在舒适而洋气的"秦尼巴克"里。近代史上赫赫有名的西方探险家，诸如瑞典人斯文·赫定（Sven Hedin）、英国人斯坦因（Stein）、德国人勒柯克（LeCoq）、澳大利亚人莫理循（Morrison），都曾在"秦尼巴克"受到过热情款待。

图 49：1929 年英国驻喀什噶尔总领事馆大门外景

丝路撷珍——舆图世界中的新疆故事

图 50：原英国领事馆近照

"秦尼巴克"面积很大，分为高低两处，之间有台阶相连。高处的花园里长着果树，还有各种各样的蔬菜。"这里各种水果争妍斗奇，有桃、杏、无花果、石榴，以及白的或黑的桑葚"，马噶特尼还在当地果树上嫁接了英国苹果、梨、梅子、樱桃等。低处的花园里郁郁葱葱的，长满了柳树、榆树、白杨树，"还有一种喀什噶尔本地的树：吉格达尔（沙枣）"。"整个花园中最让人心旷神怡的却是一道高台地"，在高台上，能够看到整个喀什噶尔，看到道路和田野上的人们，甚至可以远眺到吐曼河的河床。

在20世纪中叶，英国势力退出新疆、新中国建立后，"秦尼巴克"被遗弃。如今这座百年建筑，已经变为一家中餐馆。图50和图51分别是近年来游客拍摄的"秦尼巴克"的外景和内景照片。我们知道这段历史后，不妨到喀什旅游时，特地去感受一下这座见证了很多历史和人物的欧式建筑。

图 51：原英国领事馆内景近照

其实，"秦尼巴克"的主人——马嘎特尼也是一位非常有故事的人，有着非常传奇的身世。简单来说，他是一个中英混血儿。其实，仔细查看图 52 这幅照片中的马嘎特尼，不难看出他的脸庞具有明显的中国人特征。

马嘎特尼的父亲是一位名字被译作马格里（Halliday Macartney）的苏格兰人。马格里在中国近代史上大名鼎鼎，曾协助李鸿章剿杀太平天国，并且是中国第一座兵工厂——金陵机器制造局的创办人。马嘎特尼的母亲则是一位地地道道的中国汉族女性，她的身份比较神秘，有人说是一位上层家庭的千金，也有人说是太平天国的一位公主。

1863 年 12 月，淮军与马格里所在的常胜军（史书上又称为"洋枪队"），联合进攻苏州太平军，初期遭受惨重损失，转而利用守军内部矛盾劝降，达成协议后，双方折箭为誓，并由常胜军首领戈登（Charles George Gordon）为保证人。按照协议，纳王郜永宽杀慕王谭绍光后献城出降。

然而，李鸿章违背协议，在守军投降后的第三天，摆设鸿门宴，席间伏兵冲出，24岁的纳王及其他降将被杀。戈登与马格里等人对于杀降事件极为愤怒，扬言要与李鸿章决裂，后经调解且李鸿章让步，才得以重新合作。马格里等人随后全力保护降将家属，据推测他的中国妻子极有可能是纳王郜永宽的侄女或其他近亲属。

马格里与这位中国妻子在中国南京生活了12年，生有三男一女。1876年，马格里跟随中国驻英大使郭嵩焘到英国，最初说是临时差事，实际上一去不复返了。因为要返回英国接受教育，10岁的马噶特尼一同回到了英国。我们不知道马格里后来与这位中国妻子是否联系过，只知道在他们离开两年后，马噶特尼的中国母亲就去世了。马格里于1884年又娶了一位法国女子Jeanne du Sautoy，新的婚姻又生育了三男一女。

马噶特尼一生讳言他的母亲，讳言他的童年，从不跟他的子女谈及他们的奶奶。在他的夫人凯瑟琳的回忆录中，对此也找不到只言片语。纳王郜永宽曾为太平天国忠王李秀成麾下大将，出生于湖北蕲春，马噶特尼的中国母亲作为纳王的亲属，应该同样来自湖北蕲春。目前并没有留存下这位女性

图52：马噶特尼在英国驻喀什噶尔领事馆

的照片,不过,从马噶特尼的脸庞来看,她的母亲应该是一位小巧俊秀的中国南方女性。

在19世纪中叶那场席卷东南的太平天国运动中,这位不知姓名的女性卷入了历史洪流,动荡岁月中,随军征战于江苏、上海、浙江一带,最终苏州之战后,纳王被杀,自己嫁给了曾经为敌的洋人并生育了四个混血子女。这一真实而离奇的人生经历,充满戏剧冲突,估计超出了一些编剧的想象,是很好的电视剧素材。

1864年,太平天国失败后,不少幸存的太平军战士卖身为猪仔、流亡海外。据记载,曾有一队太平军战士流亡南美,不甘奴役而奋起反抗。其实,马噶特尼的中国母亲也曾是太平军的一名家眷,她嫁给洋人也是众多传奇故事中的一个。

曾有一首创作于清代的苏南民歌,名字叫作《豌豆花开花蕊红》,香港TVB电视台在拍摄电视剧《太平天国》时,曾将之谱曲并作为剧终曲。这首苏南民歌,使用吴侬软语唱出,婉约悠扬,意味绵长。歌词描述了娘亲或是情人翘首期盼太平军将士归来的复杂心情,最终太平军将士大都少年战死、埋骨沙场,亲人的眼泪一世流淌而不得相见,仅能一年年看着豌豆花,开花,红了,结荚……估计马噶特尼的中国母亲在太平军军中时,对于前线的亲人,也曾有这样的思绪。特将歌词眷录于此,以纪念太平天国运动中的普通女性。

图53:马格里

豌豆花开花蕊红,
太平军哥哥一去影无踪。
我黄昏守到日头上,
我三春守到腊月中。
只见雁儿往南飞,
不见哥哥回家中!

豌豆花开花蕊红,
太平军哥哥一去影无踪。
我做新衣留他穿,
我砌新屋等他用。
只见雁儿往南飞,
不见哥哥回家中!

豌豆花开花蕊红,
太平军哥哥一去影无踪。
娘娘哭得头发白,
妹妹哭得眼儿红。
只见雁儿往南飞,
不见哥哥回家中!

豌豆花开花蕊红,
豌豆结荚好留种。
来年种下子豌豆,
花儿开得更加红。
太平军哥哥五个字,
永远记在人心中。

马噶特尼的人生前 10 年在中国南京度过，10 岁至 24 岁在英国学习，24 岁至 52 岁的 28 年在新疆喀什的"秦尼巴克"工作，52 岁至 78 岁期间居住于英吉利海峡中的泽西岛上，1945 年 5 月 19 日去世。关于"秦尼巴克"和他的身世已经讲完，不过，在他 28 年外交官生涯中，留下了大量的官方日志及其他情报报告，现在藏于大英图书馆印度事务档案部，已经解密，还值得整理、翻译和研究。

◎ 主要参考文献

[英国] 凯瑟琳·马噶特尼著，王卫平、崔延虎译：《外交官夫人的回忆》，新疆人民出版社，2010 年

贺卫方：《马继业的身世》，《万象》，2012 年 12 月号

一组字母背后的故事：
恒慕义与美国国会图书馆藏《新疆全图》

美国国会图书馆藏有一幅《新疆全图》（如图54），纸本墨绘，线条简洁，共由18幅舆图叠装而成。每幅舆图分别反映新疆全境及迪化（今乌鲁木齐）、伊犁、库车等重要地区的山川、河流、道路等状况。据研究，该幅地图反映的应该是乾隆年间的新疆状况。

这幅地图的内容没有什么可以值得大书特书的，但是图54封皮左下角贴签中标注"Hummel pur. '34 no. 6"倒是值得引起注意。由这一组简单的字符，可以追溯《新疆全图》由中国大陆流入美国国会图书馆的历程，亦可以引出在美国国会图书馆这一西方中文古籍收藏重镇具有显赫地位的Hummel及他的家族、事迹、中美交流等历史。

"Hummel pur. '34 no. 6"是图书馆收藏时的简单注记，意思是《新疆全图》这幅藏品是1934年由恒慕义（Arthur W. Hummel，1884—1975）购入，为原藏品第6号。

恒慕义一生与中国结缘，曾长期在中国生活，痴

图 54：《新疆全图》封皮

迷于中国文化，尤其热衷于收藏地方志、古地图、旧钱币等；返回美国后，受聘于美国国会图书馆东方部，长达26年，致力于各种中文古籍收藏、整理等，是奠定美国国会图书馆中文古籍典藏领域西方重镇的关键人物。

图 55：恒慕义（Arthur W. Hummel）

1884年3月6日，恒慕义出生于美国密苏里州华伦镇，1903年高中毕业后进入芝加哥大学深造，1905年毕业，1911年在同一研究院取得硕士学位。之后，恒慕义在田纳西州查塔努加（Chattanooga）的一所高级中学教授历史。6个月后，正在芝加哥教英语的同学史密斯（Roy Smith）告知他，日本神户（Kobe）高等商业学校空出一个教席。对东方十分向往的恒慕义抓住这个机会，从叔叔手里借了350美元购买船票，于1912年3月来到日本。

在日本神户教书的两年期间，恒慕义曾两次到访中国，他的双胞胎兄弟（William Frederick）则从1908年以来一直在南京大学从事历史和宗教教育。这两次访问极大激发了恒慕义对中国文化的兴趣。

1914年，恒慕义返回美国，在芝加哥大学获得了神学学士学位，并于同年10月8日与布克瓦尔特（Ruth Emily Bookwalter）结婚。11月，恒慕义在美国（基督教）海外传教团董事会（American Board of Commissioners for Foreign Missions）的赞助下前往中国，并在北京进行了为期一年的汉语学习。

1915年，恒慕义夫妇迁居山西汾州（今山西省汾阳市），在汾州基督教会男子中学教授英文。在汾州生活的十年间，恒慕

图 56：1930 年恒慕义购进的清中期彩绘《海疆洋界形势全图》

义继续学习汉语，并广泛阅读了各类中国方志，较为深入地了解了中国历史、地理、风俗、民间信仰等；这一时期恒慕义逐渐养成了收集中文古地图和旧钱币的嗜好，共收集了 2000 余枚各类旧钱币及数量丰富的古地图。他们的儿子恒安石于 1920 年出生于汾州。1924 年，恒慕义夫妇迁居北京，在燕京学校（Yenching School of Chinese Studies）教授中国历史与文明；直到 1927 年，因中国国内战乱才返回美国。

返回美国后，恒慕义因一次偶然的机会，在展示收藏的中文古地图时与美国国会图书馆馆长赫伯特·帕特南（Herbert

Putnam)相识并给后者留下了深刻印象。几个月后,在 1927 年末,恒慕义成为美国国会图书馆的临时编制人员,1928 年被正式任命为新成立中文部主任。他在这个岗位,即后来的东方部主任(Chief of the Orientalia Division)上,工作长达 26 年之久,直到 1954 年退休。

恒慕义的工作卓有成效,在其任内,美国国会图书馆藏中文文献从 1928 年的大约 10 万卷增长到 1954 年的近 30 万卷。美国国会图书馆分别于 1930 年、1934 年进行过两次数量较大的中文地图采购工作。1930 年是从恒慕义手中购买了部分古旧地图。1934 年,恒慕义负责购进一批古地图,其中就包括注记为"Hummel pur. '34 no. 6"的《新疆全图》。

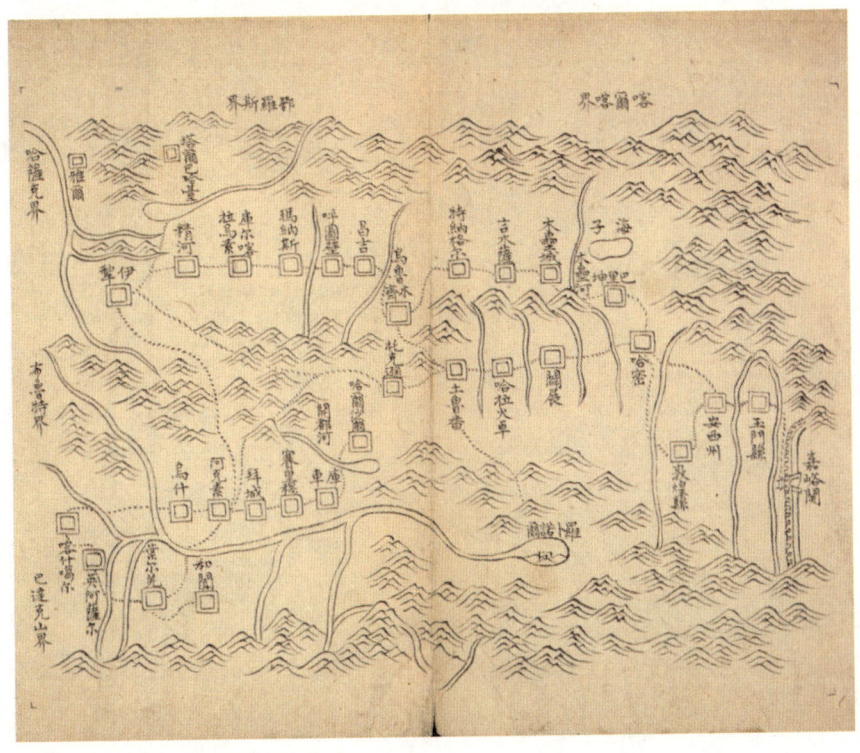

图 57:《新疆全图》之总图

恒慕义职掌的美国国会图书馆东方部，所收藏的中文古地图从明、清刻本、绘本舆图到 20 世纪的测绘地图等，数量极为丰富，可以说是目前世界上收藏中文古地图最为丰富的藏图机构。对于这一西方古地图收藏重镇的构建、中文古地图的保护以及中美间文化交流，恒慕义功不可没。

恒慕义的儿子恒安石 1920 年出生于中国山西省，1941 年太平洋战争爆发后，被日军关押在山东潍坊集中营，于 1944 年 6 月 9 日在地方抗日武装、当地农民和集中营掏粪工等人帮助下，成功越狱并参加当地的抗日武装，经历颇为传奇。恒安石后来进入美国国务院，开始外交官生涯，并于 1981 年至 1985 年间

图 58：《新疆全图》之《西湖全图》

任美国驻中国大使。可以说，一个世纪以来，这个家族与中国结下了不解之缘。

1934年由恒慕义负责购置的《新疆全图》，正是这个家族与中国紧密关系的一个小小注脚。这幅地图由恒慕义收入美国国会图书馆，考虑到恒慕义在古地图收藏方面的造诣，这幅《新疆全图》必定有珍贵之处。

如图57所示，从观感上来看，这套地图并非精美彩绘地图，仅用简单线条勾勒山川、河流、城市、道路等，观赏性并不高。该图虽然绘制简单，但是学术价值较高，是现存较早的清代新疆舆图。考虑到目前留存的乾隆朝新疆舆图十分稀见，因此应珍视这幅舆图的价值。

该图还有一处有意思的地方，图幅主题为新疆地图，却在卷首出现了一幅《西湖全图》（如图58），地图中"三潭印月""湖心亭""钱王祠""天台山"等名胜绘制详细。

人们不禁要问，新疆舆图中为什么要绘制西湖？经过对比与《新疆全图》存在渊源关系的台北藏《新疆地舆总图》，发现《新疆全图》的前两页有缺失，并不完备。因此推知，这个主题迥异的《西湖全图》应该是为糊裱残缺的《新疆全图》而补入。

恒慕义及其家族成员为中美交流作出了独特贡献，相较于他儿子恒安石的外交功业，也许恒慕义所从事的文化交流的影响更为恒久，尤其是当我们了解了"Hummel pur. '34 no. 6"这一组字符背后的故事之后。

◎ 主要参考文献

李孝聪：《美国国会图书馆藏中文古地图叙录》，文物出版社，2004年

王耀：《台北"国家图书馆"藏清代〈新疆地舆总图〉研究》，《中国典籍与文化》，2014年第3期

第四章 舆图与信仰

义士的大地勋章：戍卒黄桂芳与新疆"方神庙"

"方神"与"方神庙"，对于现代人（包括新疆人在内）都是陌生的。很少有人知道"方神"是何方神圣，很少有人知道天山南北曾经矗立有十余座"方神庙"，更少有人知道"方神"何以为神。因为，曾经热闹喧嚣的"方神庙"在今天的新疆大地上已经不复存在，有关"方神庙"的历史记载也十分零碎孤立，所以在今人的记忆和认知中，不再有这位"方神"和他的故事。

这样一段被遗忘的历史，我在阅读清中期史料时曾看到只言片语，可惜费尽周折，也未能找到哪怕一张有关"方神庙"的古代地图或者当代遗迹照片等图像。然而，这并不代表这段湮没不闻的历史真的就应该被遗忘，相反，这背后隐藏着一个有关战火、热血、忠义、牺牲与信仰的不大不小的故事，值得探寻和记录。

"方神"，在历史上确有其人。"方神"并不姓方，本名叫黄桂芳，字定湘，生于嘉庆年间，道光初年因罪充军，由湖南老家远戍甘肃，后换防至新疆戍边。恰逢边疆不靖，叛军围城，黄桂芳为救全城军民，慷慨赴义，壮烈殉国，为人追思和景仰，其后被神化为一方守护神，建庙祭祀，享一方香火。

这个故事虽然发生在道光朝,但需要从乾隆朝说起。乾隆在平定大小和卓之乱后,大小和卓后裔部分留寓中亚地区,部分迁居北京。至乾隆的孙子道光皇帝在位时,留居中亚的大和卓的孙子张格尔不断寇边,两个"孙子"前后斗了八年。

张格尔先后四次返回新疆作乱,最严重的一次发生在道光六年(1826)。1826年六月中旬,张格尔入境后,分兵两路进攻喀什噶尔(今喀什市)和叶尔羌(今叶城县)。六月十八日,喀什噶尔老城被围,守城的行政长官(阿奇木郡王)迈玛萨依特力不能支,于二十二日城陷后被害。

之后,叛匪进攻清军驻防的喀什新城——徕宁城(如图59、图60),喀什噶尔参赞大臣(清代南疆最高军政长官)庆祥调集官兵、商民共同守城。张格尔久攻不下,不惜引狼入室,请求中亚浩罕国出兵,并诱骗说在喀什"古尔巴赫"埋藏有大量黄金,约定攻取喀什噶尔、叶尔羌、英吉沙尔(今英吉沙县)、和阗(今和田市)后,将喀什噶尔割让给浩罕,并平分财物。浩罕国发兵入侵攻城,惨遭清军击退,死伤惨重,终因失败并与张格尔反目而撤走。围城期间,张格尔实施水攻,堵塞河道,水淹守军,终被挫败。

图 59:清代徕宁城鸟瞰图

(说明:"徕宁城"始建于乾隆朝,名字为乾隆御赐,清中期毁于战火,光绪年间在原址重建。上图是光绪年间重建的徕宁城,现为地区公安处占用。2012年7月我考察时,上图南边瓮城的城墙尚残存。)

舆图与信仰

图 60：清代徕宁城城墙遗址（2012 年 7 月）

黄桂芳就是在这次战斗中涌现出的英雄。1801 年五月初六日，黄桂芳出生于湖南长沙县的一个普通农民家庭。1821 年，与隔壁乡邻争水，其兄误杀一人，黄桂芳替兄顶罪出首，根据清朝法律中"有弟为兄相容隐，乃显孝悌之情"的规定，免死充军发配甘肃。

黄桂芳在甘肃度过了五年戍守生活，寂寂无闻，后换防到新疆喀什噶尔，到防不久，风云突变，遭逢张格尔围城之役。叛匪水攻，堵塞城池下游河道，水位上升，水淹徕宁城。旧时城墙、民居多系泥土夯筑，水淹极易坍塌，情况危急。黄桂芳为湖湘子弟，习于水性，遂主动请缨，泗水掘堤，在掘开豁口后，因决口处水流湍急，不幸牺牲，年仅 25 岁。黄桂芳以一己之力暂保全城生命和财产，掘堤后，"阖城军民咸庆再生"。

自湖南充军至甘肃、新疆的黄桂芳，在危难面前，解危济困，捐躯献身，全城军民感念其恩。史载："其慷慨赴义有如是者？

图 61：1954 年疏勒城北门旧照

生而正直，殁乃神明：凡民间疾病、急难、水火、虫荒，祷之者辄奇应，庙祀遍新疆，名曰'方神'。"这位卑微的戍卒，一跃变身为有求必应的一方神灵。"方神"的得名，来源于《诗经》中的"来方禋祀"的典故，原为描述周王与农夫们将祭品奉献给带来丰收和幸福的四方之神的盛景。黄桂芳牺牲后，人们用《诗经》里面的美好颂辞来崇奉他，尊为"四方之神"。

　　清中后期，方神庙香火鼎盛，新疆各地建造有十余座庙宇。据研究，有清一代，共计建有庙宇 11 处，北疆伊犁、哈密各一处，南疆分布密集，基本在重要城市均建有方神庙，比如阿克苏、拜城、疏勒、叶尔羌、英吉沙尔、乌什等地。

　　方神庙衰落于清末民初，最晚到 1949 年新中国建立后，在南疆还存在已经破败的方神庙遗迹。袁国祥是 1949 年随军进疆的一位解放军战士，他在疏勒城曾亲眼见到过一座方神庙。据他回忆，解放初期的疏勒城有八座佛教庙宇，在城内北街有一条方神庙巷，巷子西头北侧有一座向南开门的方神庙，院内前有戏台，后有大殿，两面厢房已经倒塌，院中树木高大。庙宇虽已颓圮，但占地面积不小。遥想当年的祭祀、唱戏、烧香的场面，应该着实热闹喧嚣。可惜的是，这处遗址在"文革"前改造成了平房，今天也未见留下这处方神庙的照片等实物。

图 61 是袁国祥拍摄的 1954 年疏勒城北门照片，从这道大门进到城内，就能到达方神庙。照片中的古城是道光年间修筑的"恢武城"，夯土筑造。据照片看，城墙有五六个人高。清末文献记载，城墙"高三丈"；按照清代度量衡（1 丈 =3.2 米）换算，城墙高 9.6 米。不过遗憾的是，这看得到的厚实城墙和看不到的破败方神庙，尤其是那段忠义故事，都湮没在了时光中。

乾隆统一新疆时，在叶尔羌曾战殁了两名满族将领，政府旌表其绩，曾建"双义庙"。忠义故事，湮没无闻，故记录于此。

◎ 主要参考文献

陈国光：《新疆"方神"本是戍边爱国之士——清末新疆方神志文辨析》，《西域研究》，2004 年第 4 期

龙开义：《清末民初新疆汉族移民宗教信仰研究》，《北方民族大学学报》，2011 年第 6 期

袁国祥：《南疆遗韵》，新疆美术摄影出版社，2012 年

"神佑新疆"：天山南北的关帝庙

1763 年，即乾隆二十八年，新疆伊犁惠远城内建起一座关帝庙，乾隆皇帝御题匾额为"神佑新疆"，对联为"春秋志在威名远，戊己屯开庙貌崇"。

有清一代，崇奉关公，全国各地大建关帝庙，新疆地区也不例外。早在康熙、雍正年间，在新疆东部的巴里坤、哈密就建有关帝庙，供当地人祭祀。乾隆年间，加封关公为"忠义神武灵佑关圣大帝"，尊崇更盛，关公忠义仁勇的形象更加深入人心。作为远赴新疆戍守、行商的大批军民的保护神，关老爷也西出阳关，关帝庙随之在天山南北遍地开花，护佑一方。

乾隆中期，关帝庙已遍布天山南北。图 63 是现藏于台北的《新疆地舆总图》，这是一幅反映乾隆三十八年（1773）新疆状况的古地图。如图所示，在巴里坤、阿克苏、乌什（红色横线）这三座城市旁边，绘制了庙宇形符号并标注了"关帝庙"字样（红色方框）。这幅地图是乾隆中期上述三座城市建有关帝庙的直接图像证据。

其实，根据文献记载，在乾隆年间的巩宁城和迪化城（均在今乌鲁木齐）、哈密、星星峡、奇台、乌苏、精河、伊犁、叶尔羌（今叶城）、喀什噶尔（今

图 62：关云长像

舆图与信仰

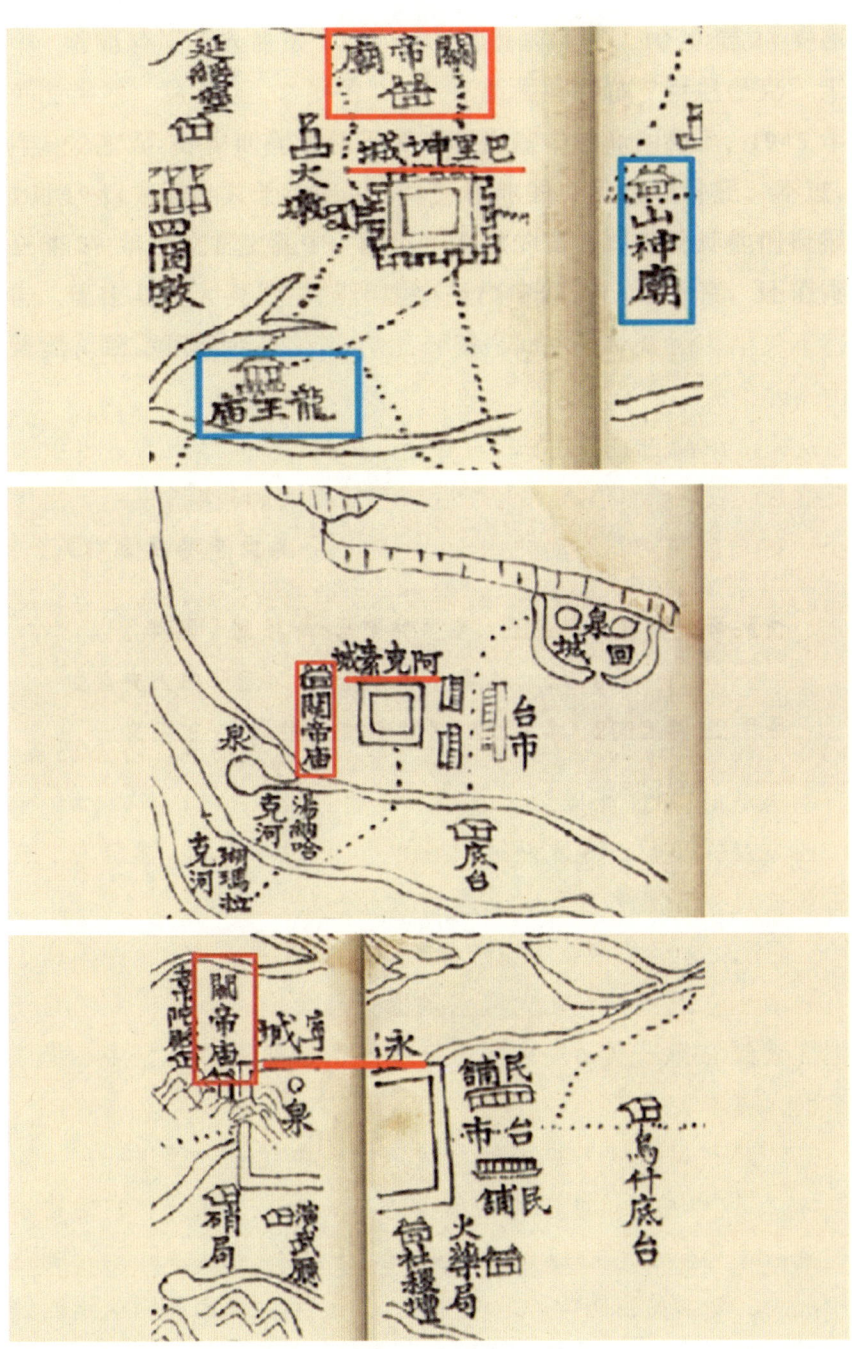

图 63：《新疆地舆总图》中的"关帝庙"

喀什)、英吉沙尔(今英吉沙县)、库车、喀喇沙尔(今焉耆)等地,均建有关帝庙。

图63中最上方的"巴里坤城"是北疆商贸重镇,素有"庙宇冠全疆"之称,地图中显示巴里坤周围还有"山神庙""龙王庙"(蓝色方框)。其实,清代仅在巴里坤一地就建有大小关帝庙11座之多。据统计,清代新疆地区的官修关帝庙共计40余座,这还不包括为数众多的民间捐资修建的庙宇。由此可见,在清代天山南北,关帝庙分布之广、数量之多,关帝信仰之盛。

关帝信仰的盛行、关帝庙的分布和建造,实际上与进入新疆的满族、汉族、锡伯族的生产活动密切相关。关老爷西行,是民众迁移与信仰空间流动的体现。上述三个民族的民众信奉关公,他们在天山南北,或戍守,或行商,或屯垦,凡是行经之地、居留之所,均会建起关帝庙,祈福祭祀。

星星峡,是由甘肃进入新疆的必经之地,商旅不绝于道。据记载,在星星峡西约十里山顶上,建有一座关帝庙,香火旺盛。有幸的是,我们还能见到这处关帝庙的旧照。图64是1910年一个西方人莫理循路过此地时拍摄的照片,从中看到,建筑为中式传统构造,大殿廊前当时站立着六七个人。

据说,这座关帝庙应该建于光绪朝左宗棠进疆时,民国初年有一道士在此看护。在大殿内供奉关羽塑像,陈列有大铁刀三把、大红布袍一袭,殿内高悬官商民众送来的匾额甚多。来往客商,莫不焚香祈祷。

在进入星星峡后往西的奇台东地乡也建有一座关帝庙(如图65),这也是目前北疆地区仅存的唯一一座关帝庙。它始建于乾隆五十七年(1792),嘉庆、道光年间曾经扩建,同治年间毁于战火,仅剩关帝庙中殿。光绪十八年(1892)由庙内道士四处化缘集资,从甘肃等地请来工匠、画师,维修关帝庙。

舆图与信仰

图 64：1910年星星峡西关帝庙旧照

图 65：奇台东地大庙

图 66：察布查尔锡伯自治县乌珠牛录乡关帝庙遗址

这处关帝庙前古木参天，殿内有青砖浮雕两块，高 2 米，宽 1.5 米，镌刻着龙、凤、花卉，两旁是彩绘壁画，绘制有关羽单刀赴会、夜观《春秋》、桃园结义等故事。

新疆锡伯族同样信奉关公。乾隆年间，世居于东北的锡伯族辗转几千里，历时一年多，行经外蒙驿道，西迁至新疆伊犁屯垦戍边（具体事迹见本书《锡伯族西迁：我为皇帝守西陲》一文）。忠义仁勇的关公，亦随着精忠报国的锡伯族官兵和眷属来到西陲边疆安家落户。图 66 就是目前新疆察布查尔锡伯自治县的一处关帝庙遗址。如今，新疆地区残存的关帝庙遗迹已经不多，即使残存，也多如图 66 所示，颓圮不堪，让人很难想象这些残垣断壁是曾经香火鼎盛的关帝庙。

2015 年 7 月，我在新疆生产建设兵团第一师阿拉尔市调研时，遇到一个家住乌什县的汉族小姑娘。乌什县现在并不知名，然而就是这个边陲小城,乾隆皇帝曾赐名为"永宁城",并在乌什县燕子山上建有一座关帝庙,春秋致祭。乾隆御书匾额"灵镇岩疆",御书对联"转伦名炳千秋日,靖遂威行万里风"。

只是,这些清朝刻下的文化符号与神灵信仰,当今已难觅踪影了。

◎ 主要参考文献

齐清顺:《清代新疆的关羽崇拜》,《清史研究》,1998年第3期

戴良佐:《清代新疆关帝庙管窥》,《新疆艺术》,1995年第2期

陈旭:《新疆的关帝庙与关帝崇拜》,《世界宗教文化》,2009年第4期

安英新:《祖国最西端的"关帝庙"》,《东南文化》,2000年第6期

王耀:《台北"国家图书馆"藏清代〈新疆地舆总图〉研究》,《中国典籍与文化》,2014年第3期

种瓜得豆、种豆得瓜：喀什噶尔的瑞典传教团

清朝末年，英国和俄国争雄于中亚，并染指中国新疆。在古老而遥远的南疆重镇喀什噶尔（今喀什市），俄、英两国先后设立了领事馆。俄国领事馆和英国领事馆均位于喀什噶尔的北门外。

前文提到英国人在1908年12月绘制的一幅《喀什噶尔城市简图》（图39），这幅地图是详尽表现清末喀什噶尔城市状况的十分难得的图像史料。从图中可以直观地看到，城市四周建有城墙，由城墙环绕的城市外部形态类似于果核形状。城市西北角的圆弧形城墙符号环绕的是"满城"，这是光绪年间重建的"徕宁城"，今天被喀什市地区公安处占用。

图 67：瑞典传教团喀什噶尔总部外景旧照

此外，在城市南门外偏西的地方标注有"瑞典传教团、医院"（Swedish Mission, Swedish Hospital）的字样。瑞典虽然属于西方国家，但是近代以来并未如其他列强一样侵略中国，在历史上，与中国并无多少瓜葛。在遥远的新疆、伊斯兰文化重镇喀什噶尔，他们却派人来此传播基督教并建立医院，着实令人感到好奇。

据查阅相关资料，1892年，第一个瑞典传教士N.F.豪伊杰尔到达喀什噶尔，1894年7月以传教士拉尔斯·艾瑞克·豪格伯格（Rev Hogberg）为首的瑞典传教团被派遣到喀什噶尔，从事传教工作，直到1938年被新疆军阀盛世才驱逐。这个瑞典传教团在喀什噶尔进行传教活动，前后长达46年之久。

这些西来的传教士，热忱于基督教传播，同时因为他们自身学识渊博、术有专攻，开办医院、学校，印制各类宗教、文化刊物等，所以他们在传教之余，兼及行医救人、传播各类知识。

西方传教士和基督文化的到来，为近代新疆的多元文化增添了一抹新的亮色。然而，喀什噶尔历来就是南疆伊斯兰文化重镇，选择在此地进行传教，其难度可想而知。传教之初，传教士们就感受到伊斯兰宗教人士的强烈抵制和当地民众的敌意。社会上谣言四起，指责当地没有雨雪，是因为传教士的到来，指责他们在当地水渠投毒、贩卖儿童等。一位传教士后来回忆说："我们待在喀什噶尔头六年绝对是留下的最艰苦的生活回忆，我们每走一步都伴随着困难和抵触。"

他们的传教成效极为糟糕。在早期没有皈依者，从1892年至1902年的10年间，仅有3名受洗者。到1907年传教团创立15年时，共计有9名受洗者，其中4人是喀什噶尔和莎车（今叶城县）的穆斯林，5人是当地汉人。至1912年传教团创立20年时，皈依者也仅有14人。

图 68：1929 年瑞典传教团成员（左）与维吾尔家庭

面对惨淡的传教事业，传教团不得不改变传教方式，利用自身特长，转而提供医疗服务，将传教与行医相结合，白天在医院治病救人，晚上传经布道，试图化解民众的敌意，打开传教的新局面。也就是在这一动机下，才在喀什噶尔建立了瑞典医院。

在清末喀什噶尔相对落后的医疗条件下，传教士创办的瑞典医院，提供了更为高效和人道的医疗服务。无论穷人还是有钱人，医院同样给他们治病，来的人中没有一个被拒绝。对穷人看病免费，那些掏得起钱的人则要付钱。因此，喀什噶尔的瑞典医院声名远扬，这些传教士的日常医疗诊治活动非常繁重，每天要接待大量病人。据记载，仅1919年，共收住院病人40多人，各诊所治疗病人达1.2万人，宣教医师共出诊860次。

如图67中，在喀什噶尔瑞典传教团驻地的几个匆匆行人，他们极有可能是来此看病的，而不是来此礼拜的。也可以说，瑞典人具有传教士和医生的双重身份，当地民众认可的是他们的"医生"身份，而非"传教士"身份。

瑞典传教团除提供医疗服务外，还带来了先进的印刷设备，印制了大量维吾尔文宗教、文化刊物。在1901年至1911年间，传教团使用一台简单的手动印刷机，用维吾尔文印刷了一些圣歌集、宗教宣传品，如《神圣的故事》《永恒的生活之路》和《赞美诗和圣歌》。然而，受到当地民众欢迎的却是一些实用性的物品，其中最受青睐的是传教士拉奎特编辑的日历，这种日历包括基督教历法和穆斯林历法，每一页摘选一段特殊的《圣经》经文。

1912年，先进的印刷装备从瑞典运至喀什噶尔，这批机器包括一台高速印刷机、一台辅助印刷机、一台切割机、一台装订机和突厥文、拉丁文、维吾尔文、汉文的印刷活字。这个1912年投入使用的印刷所（如图69），成为1937年以前南疆地区唯一的印刷所。

图 69：瑞典传教士（中）在喀什噶尔印刷所车间

　　这个印刷所印制了大量的维吾尔文宗教类作品，诸如《得救之路》《门槛和角落》《神圣的故事》《通俗易懂的神圣故事》《穆斯林简明基督教教义》等，传播宗教知识，同时也印制了很多知识性刊物，包括《算术》《回答算术科学（问题）》《算术课本的一把钥匙》《健康和疾病》《动物和人》《语言课程》《地理科学》等实用性科学知识，以及《蚕的养殖》《丝的制作或生产》等生产性科学知识。

　　这些知识性内容，很多直接来自瑞典国内，由传教士将之由瑞典文翻译成维吾尔文进行传播。此外，传教士们弹奏着钢琴，使用维吾尔语，在遥远的喀什教唱来自家乡瑞典的歌曲《世界很美丽》。那些刊物中的知识、曼妙的音乐，是这些瑞典传教士传递的福音之外的一大福音。

瑞典传教团虽然是从事传教工作,但是传教团成员大多学识渊博,可以身兼数职。在"传教士"身份之外,他们还具有医疗专家、植物学家、语言学家等身份。比如传教团创始人豪格伯格同时是一位建筑专家,负责设计建造了喀什噶尔英国领事馆;传教团重要成员古斯塔夫·拉奎特(Gustaf Raguette)曾获得英国利物浦大学热带医学博士学位,在喀什噶尔为民众提供医疗服务,回国后任教于瑞典隆德大学,潜心研究古突厥语,成为瑞典第一代突厥语学者。

这些具有多重身份的传教士,在伊斯兰文化重镇的作用和影响,超出了传教的范畴,更被当地人接受的不是"上帝福音",反而是因传播上帝福音附带而来的文化、知识、音乐、善良以及建筑艺术、医疗技术、印刷设备等。这也算是不枉他们不远万里来到中国、坚守南疆46年之久的辛勤耕耘。

图 70:瑞典印刷所印制"南疆边防总司令部军用纸币"

◎ 主要参考文献

［英］凯瑟琳·马噶特尼、戴安娜·西普顿著，王卫平、崔延虎译：《外交官夫人的回忆》，新疆人民出版社，2010年

［瑞典］贡纳尔·雅林著，崔延虎、郭颖杰译：《重返喀什噶尔》，新疆人民出版社，2010年

周轩、崔延虎：《瑞典传教团在喀什噶尔研究》，《西域研究》，1998年第4期

木拉提·黑尼亚提：《近代喀什噶尔瑞典传教团印刷所及其印刷品评述》，《北方民族大学学报（哲学社会科学版）》，2013年第3期

何荣：《近代西方传教士在新疆的慈善救助活动》，《新疆社会科学》，2009年第6期

第五章　舆图与民族

八旗西戍：天山南北的猛士

满洲人建立清王朝，精锐的八旗铁骑功不可没。清军入关后，八旗军队分散驻扎于重要城市、边陲要地等处，以便于加强军事控制。康熙初年，八旗官兵主要驻防于北京周围，后来逐步扩展到济南、徐州、江宁（今南京）、西安、福州、广州、张

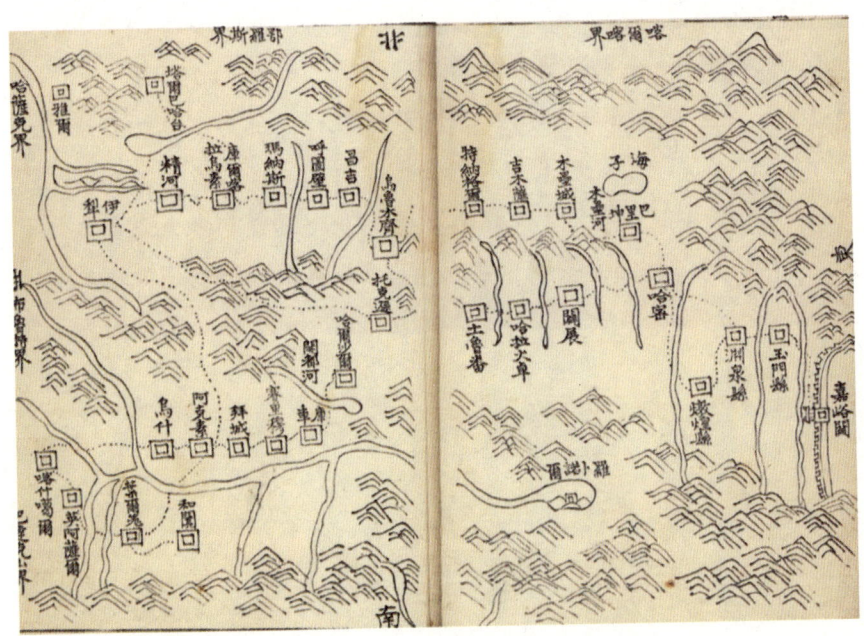

图71：乾隆朝《新疆地舆总图》之《新疆总图》

家口、凉州、庄浪等处。乾隆年间，用兵新疆，八旗子弟数万人遂西戍天山南北。

在八旗驻扎地，为保持满族固有的传统习俗，同时避免与民人杂处，往往单独建置军营或建设新城，专门用于安置八旗官兵及其眷属。八旗驻扎地，在清代文献中多称为"满城"或"满营"。

清代新疆的"满城"均位于天山以北，如伊犁的惠远城、惠宁城，巴里坤的会宁城，乌鲁木齐的巩宁城，古城的孚远城，吐鲁番的广安城；而其他城市则有"满营"驻扎，如哈密、叶尔羌（今叶城）、徕宁城（今喀什）、英吉沙尔（今英吉沙）、永宁城（今乌什）、绥靖城（今塔城）、阿克苏（城市位置可参阅图71）。

西陲重镇伊犁是新疆最高军政长官伊犁将军的驻地。乾隆统一之初，从内地大量调集八旗官兵至伊犁戍守。1764年上半

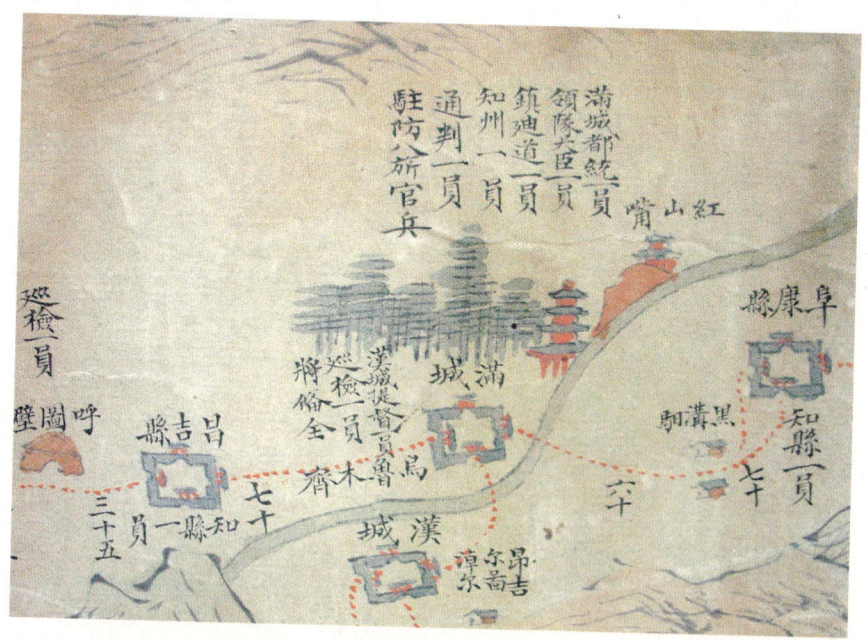

图 72：清中期《新疆全图》之乌鲁木齐

舆图与民族

图 73：清末乌鲁木齐满城西门

年，原驻扎于甘肃凉州、庄浪的 3200 名八旗官兵，携眷迁往伊犁，永久驻防。驻守热河（今河北、辽宁一带）的 1032 名八旗官兵于 1764 年四月一日起程，途中休整后于 1766 年抵达伊犁。1769 年末至 1771 年，原驻扎西安的 2088 名八旗官兵，陆续抵达伊犁。至此，伊犁地区驻扎了 6000 余名八旗官兵，加上随同前来的家眷共计近 2 万人。

如图 72 所示，这是反映清中期乌鲁木齐一带状况的古地图。图中显示乌鲁木齐当时有两座城市，一座"满城"，一座"汉城"。"满城"驻扎八旗官兵，如图中文字标注所示："满城都统一员、领队大臣一员、镇迪道一员、知州一员、通判一员，驻防八旗官兵"。

这座"满城"建于 1772 年，乾隆赐名为"巩宁城"（如图 73）。1773 年，原驻于甘肃凉州、庄浪的八旗官员 83 名，"马甲 2700，步甲 300 名，炮手 40 名，工匠 24 名，养育兵 280 名"，

97

图 74：1875 年的巴里坤满城街市

共计 3000 余人，迁往乌鲁木齐驻扎，加上随迁眷属共计 1 万余人。

此外，乾隆年间，在塔尔巴哈台（今塔城）驻扎有 1300 余名八旗官兵；巴里坤（如图 74）为天山北路门户，驻扎有 1000 名官兵；古城商贸繁荣、位置险要，驻有 1000 名官兵；吐鲁番为东疆重镇，驻有 500 名官兵。

以上为天山以北的八旗官兵驻扎情况。在清中期，有将近 10000 名八旗官兵驻守各地。北疆为驻防兵，可以携带家属，如果将家属计算在内，应不少于 30000 人。根据清代兵制，南疆地区为换防兵，每三年一轮换，不得携带家眷，这些士兵是从北疆换防过去的。

清代驻扎南疆的换防兵时有增减，大致保持在 850 名左右。根据嘉庆十八年（1813）的《南路各城驻扎满汉兵丁总册》记载：

喀什噶尔驻扎八旗兵 331 名，英吉沙尔驻扎八旗兵 80 名，叶尔羌驻扎八旗兵 200 名，乌什驻扎八旗兵 148 名，阿克苏驻扎八旗兵 62 名。

图 75 是反映嘉庆年间新疆状况的古地图，可见，喀什噶尔存在两座城市：徕宁城与回城。其中徕宁城建于乾隆二十七年（1762），乾隆三十六年赐名"徕宁城"，300 余名八旗官兵驻防于这座城市中。图 75 下半部为英吉沙尔，乾隆年间，并未建造新城，只是在原有城市内建造了一道东西隔墙，一分为二，80 名八旗官兵居于城北。

清代，八旗官兵是维护新疆统一和安定的中坚军事力量。这10000 余名八旗健卒，自内地远徙而来，分戍天山南北。他们在

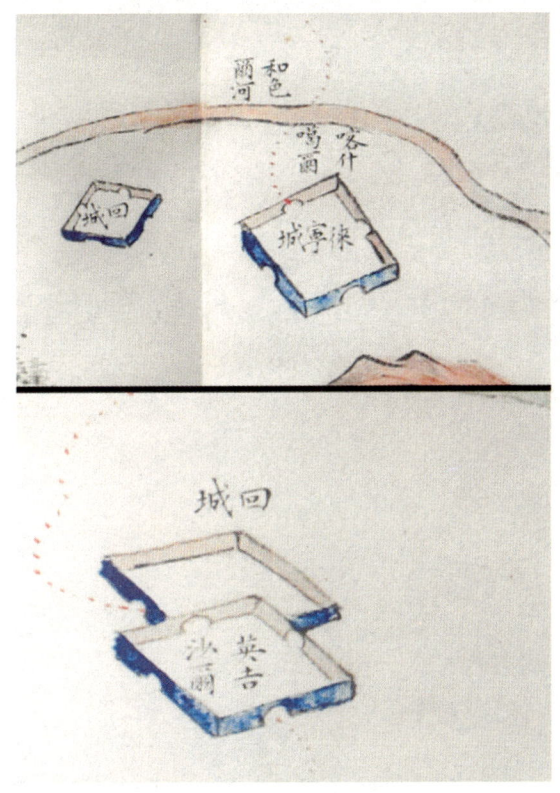

图 75：嘉庆朝《西域舆图》之喀什噶尔与英吉沙尔

此永久驻扎,后代继续戍守边陲。战时,驰赴沙场,冲锋陷阵,在平定准噶尔、平定大小和卓、平定张格尔等重大军事行动中,都活跃着八旗官兵的身影。平时,他们则驻守营地,守卫哨卡。

道光年间,张格尔之乱,南疆最高军政长官庆祥在城破时,自杀殉国。清代文献中,有关满族官兵自杀殉国的记载不在少数。戍守边疆的这些八旗官兵多是热血男儿。

汉高祖刘邦曾作《大风歌》:"大风起兮云飞扬,威加海内兮归故乡,安得猛士兮守四方!"这些西戍八旗官兵,配得上"猛士"之称。

◎ 主要参考文献

定宜庄:《清代北部边疆八旗驻防概述》,《中国边疆史地研究》,1991年第2期

吴元丰:《清代乌鲁木齐满营述论》,《中国边疆史地研究》,2004年第3期

苏奎俊:《清代新疆满营研究》,新疆大学2006年硕士论文

锡伯族西迁：我为皇帝守西陲

2015年农历四月十八日，曾经在《北京爱情故事》《平凡的世界》等电视剧中有出色表演的新疆籍女演员佟丽娅，晒出了一张身着民族服装骑马射箭的照片（如图76）。这并不是为演戏取景，而是因为这一天是锡伯族"西迁节"，是纪念锡伯族先辈西迁壮举的民族节日。

佟丽娅，锡伯族，来自新疆伊犁察布查尔锡伯自治县。据2000年人口普查数据，锡伯族总人口约19万人，主要分布在辽宁、吉林及新疆等地，其中察布查尔县锡伯族人口2万余人。新疆锡伯族在历史上曾有30多个姓，到清朝中、后期或民国年间，锡伯族姓氏逐步演变为单姓。比如"赫叶尔"译成贺或何，"乌扎拉"译成吴，"胡斯哈里"译成胡，而佟丽娅的"佟"姓则来自于"图木尔齐"（或音译为"托和尔秦"），历史上也有满族人以此为姓，满语为 Tohercin Hala。

明末清初，锡伯族聚居于我国东北的嫩江和松花江流域，1692年（康熙三十一年）正式编入清朝八旗组织，后调防

图 76：佟丽娅骑射照

丝路撷珍——舆图世界中的新疆故事

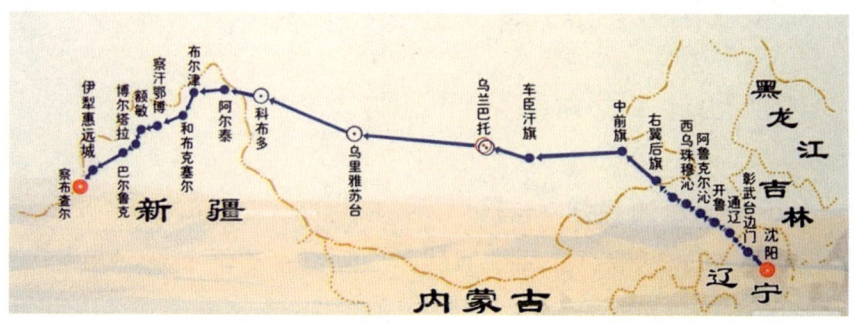

图 77：清朝锡伯族西迁新疆路线图

辽宁、北京等地。今天新疆的锡伯族是清朝乾隆年间由东北迁徙至新疆伊犁地区的。1759 年，乾隆统一新疆之初，北疆伊犁地区人烟稀少，土地荒芜，边防空虚。自 1762 年起，清政府陆续从内地抽调满、汉、蒙古、索伦兵驻防伊犁各地，但是仍感兵力不足。因此，清政府决定从东北抽调锡伯族官兵，西迁驻防新疆。

1764 年春，清政府从盛京（今沈阳）、辽阳、开原等 17 城抽调了锡伯族官兵 1020 名，连同家属共 3275 人，分为两队西迁新疆。第一队于农历四月十日起程，第二队于四月十九日起程。清政府为西迁锡伯族官兵每户配备一顶帐篷、一口锅、一辆车、三头牛和两匹马。

1764 年四月十八日，西迁官兵聚集在盛京的锡伯族家庙——太平寺里，举行盛大宴会，为远赴新疆的亲人送行。后来，新疆锡伯族民众便把这一天定为"西迁节"。这就是如图 76 中佟丽娅盛装骑射纪念"西迁节"的由来。

如图 77 所示，西迁民众从沈阳出发，经过通辽等地进入蒙古高原，取道车臣汗旗、乌兰巴托西行。车臣汗旗即为今天的温都尔汗，1971 年 9 月 13 日，林彪搭乘的飞机在此折戟沉沙。锡伯族民众越过杭爱山、抵达乌里雅苏台时，已经是 1764 年农历八月下旬。当时，蒙古高原初雪降临，加上长途跋涉和畜疫流行，出发时带的3000头牛已剩不足400头，所带的2000匹马中300余匹已经消瘦不堪，于是决定在乌里雅苏台休整过冬。

1765年三月过冬后，乌里雅苏台将军为西迁队伍补充了500匹马和500峰骆驼，他们继续上路，经过科布多，越过阿尔泰山，进入新疆，取道塔尔巴哈台（今塔城）、博尔塔拉等地，于七月二十日和二十二日，两队人马先后到达伊犁。

在一年多的西迁途中，妇女老幼坐牛车，青壮年男人骑马或步行；缺少粮食，他们采集木耳、野菜充饥；缺少布匹，产妇便用野草包裹婴儿。锡伯族民众以顽强毅力完成了西迁这一壮举。

有意思的是，盛京出发时登记在册3275人，实际到达伊犁的人数为4030人。除了出发时新加入的官兵家眷405人外，一年零三个月的艰苦西迁路上，竟然又出生婴儿350人之多。

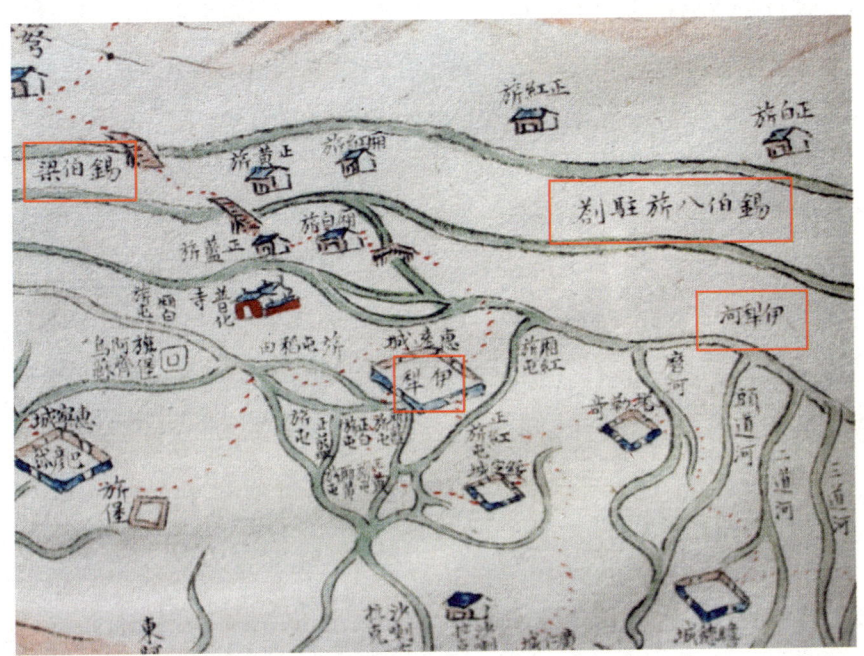

图78：嘉庆朝《西域舆图》之伊犁地区

103

锡伯族官兵在伊犁休整训练后，1766年春，根据伊犁将军安排，越过冰封的伊犁河，迁驻今察布查尔一带，在伊犁河南岸定居下来。1767年，正式组编为八旗，他们携带武器"撒袋1080副，战箭23770枝，弓1082张，腰刀1018把"，驻守在伊犁河南岸的18处卡伦（类似于边境哨所），戍守西陲。

图78是反映嘉庆年间（1796—1820）伊犁地区驻防等情况的古地图，地图方位为上南下北、左东右西。可以看到，左上角的一条河上标注有"锡伯梁"字样，在伊犁河南岸标注有"锡伯八旗驻扎"字样，周围绘制有房型符号，分别标注"厢黄旗""正白旗""正红旗""正黄旗""厢白旗"等字样，这是1767年（乾隆年间）设置锡伯八旗的真实反映。清中期，数千名锡伯族官兵及家眷就分散居住在地图中标注的各处。

清代，锡伯族官兵除驻防18处卡伦外，还定期到南、北疆的喀什噶尔、塔尔巴哈台换防。在清中期的平定张格尔之乱、七和卓之乱等军事行动中，锡伯族官兵冲锋陷阵，忠诚为国，立下卓越功勋。

嘉庆七年至十三年（1802—1808）间，锡伯族民众在伊犁河流域开挖了察布查尔大渠，南引伊犁河水灌溉，扩大耕地面积78600多亩。"察布"，为喇嘛经语，含有供品和肴馔的意思；"查尔"，是锡伯语"查鲁"的口语，意为仓库。"察布"和"查尔"合一，锡伯语有肴馔之库的意思，实为粮仓的形象说法。为纪念嘉庆年间开挖的察布查尔大渠，感念水渠哺育之恩，"察布查尔"后来成为该地地名。1954年3月17日，经国务院批准，"宁西县"更名为"察布查尔锡伯自治县"。

今天，察布查尔县是我国唯一以锡伯族为主体的多民族聚居的自治县，因为锡伯语类似于满语，这里也是当今我国懂满语的人才最集中的地区。多种民族、多元文化、多元信仰、多种语言共同构成了丰富多彩的"多元新疆",东来的锡伯族无疑是其中的重要"一元"。

◎ 主要参考文献

英林:《察布查尔历史沿革与概况》,载于《伊犁文史资料》第六辑(锡伯族专辑),内部发行,1990年

谢善智:《锡伯族的西迁简介》,载于《伊犁文史资料》第六辑(锡伯族专辑)

英林:《清代锡伯八旗》,载于《伊犁文史资料》第六辑(锡伯族专辑)

张燕、王友文:《试论清代伊犁将军与锡伯军民西迁的关系》,《满族研究》,2012年第2期

土尔扈特东归：从伏尔加河到开都河的蒙古马队

巴音布鲁克草原（如图79），位于今天新疆巴音郭楞蒙古自治州（以下简称巴州）西北、天山山脉中部的山间盆地中。"巴音布鲁克"在蒙古语中意为"永不枯竭的甘泉"，巴州的开都河蜿蜒其间，草原水草丰茂，是优良的高山牧场。

在清代文献中，这里曾被称为"珠勒都斯"。明末清初，卫拉特蒙古辉特部曾在此游牧。乾隆年间，辉特部首领阿睦尔撒纳叛乱，失败后部众被迫东迁，这片草原遂被闲置。

1773年（乾隆三十八年）八九月间，景致优美的"珠勒都斯"迎来了新的主人——自伏尔加河东归的蒙古土尔扈特部众。此后，他们在这片草原上繁衍生息，今天巴州境内的蒙古族基本上是他们的后裔，这里也是今天新疆地域内蒙古族的主要聚居

图 79：巴音布鲁克草原

地，这也是之所以设立巴音郭楞蒙古自治州的重要考量（巴州位置示意图如图 80 所示）。

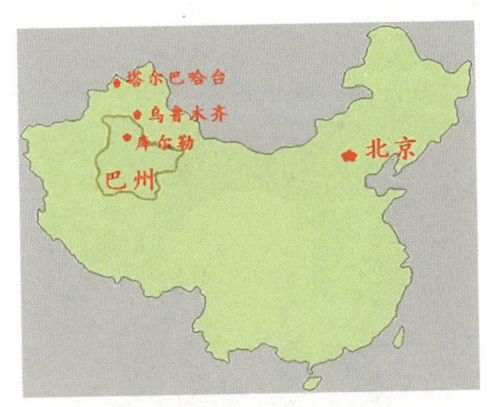

图 80：巴音郭楞蒙古自治州位置示意图

土尔扈特部曾世代游牧于新疆塔尔巴哈台（今塔城）一带（如图 80 所示）。在明朝末年，蒙古准噶尔部强大后，不断袭扰土尔扈特部。1628 年，土尔扈特部在首领和鄂尔勒克的带领下，远徙避祸，自塔尔巴哈台故土，经过中亚草原，一直迁徙至伏尔加河下游地区（西迁路线如图 81 中红色虚线所示）。那时的这一地区尚未被沙皇俄国占领，土尔扈特部在里海之滨的广袤草原上，建立起了土尔扈特汗国。

18 世纪上半叶，沙俄势力深入到伏尔加河下游地区，推动哥萨克移民不断东扩，蚕食、挤压原本属于土尔扈特部的游牧地。到 18 世纪中叶俄国女皇叶卡捷琳娜当政时期，土尔扈特部在政治、军事上受到更为严峻的压制，宗教信仰上受到限制，经济状况日益恶化。最终，他们于 1770 年决定举族回归故土。

如图 81 所示，土尔扈特部西迁后分布于伏尔加河两岸，东岸和西岸的红色虚线圆圈表示的就是土尔扈特部的游牧

图 81：土尔扈特部西迁与东归图

丝路撷珍——舆图世界中的新疆故事

图 82：渥巴锡画像

地。1770 年，土尔扈特部商定，在当年冬天伏尔加河结冰后，西岸的土尔扈特部众越过伏尔加河，与东岸部众汇合，一起东归故土。

人算不如天算，当年冬天较为温暖，伏尔加河并未结冰，西岸 9 万部众阴差阳错地错过了这次东归机会，被迫留在了当地。欧洲人称呼卫拉特蒙古人为卡尔梅克，今天俄罗斯境内卡尔梅克共和国的蒙古人，就是当年伏尔加河西岸未能东归的土尔扈特部的后裔。至今，他们仍然使用蒙古托忒文，大部分人信仰藏传佛教。

1771 年一月，东岸土尔扈特的 17 万部众在首领渥巴锡（如图 82）的率领下，踏上了东归之路。他们沿途受到哈萨克部阻击、俄军追袭，承受了疾病、饥饿、严寒之后，死伤惨重，折损过半，仅 66073 人到达祖国西陲伊犁河畔，并且多是衣衫褴褛，积蓄物品等丢弃于途，只剩下骑乘的骆驼和马匹。

1771 年（乾隆三十六年）五月底，东归的前锋部队经过一百多天的艰苦行军，到达伊犁河流域的察林河附近，与前来相迎的清军相遇。六月二十五日，渥巴锡在清政府官员陪同下，取道乌鲁木齐、巴里坤、肃州、大同、宣化、张家口，最终抵达承德，朝觐乾隆皇帝。

此前，曾有大臣建议趁机将渥巴锡留质于京城。乾隆皇帝大为不悦，指出谕令渥巴锡朝觐，意在当面训导其约束部众，并不是将其留为人质。乾隆面见渥巴锡，对土尔扈特的困窘境地深表同情，诏令"伊等投诚，未免穷迫，应赏银两，及接济马匹牲畜"。于是，清政府立即从西北各省、漠南蒙古地区调拨了大量物资予以赈济。根据现立于承德的乾隆皇帝钦题《优恤土尔扈特部众记》记载，当时从新疆、甘肃、陕西、宁夏及内蒙古等地调集大量物资，包括"马牛羊二十余万头、米麦四万多石、茶两万余封、羊裘五万余件、棉布六万余匹、棉花近六万斤、毡庐四百余具"。

对于西迁百余年后初归故土的土尔扈特部，清政府还是抱有一定戒心的，这在土尔扈特部安置地的选择上有所体现。乾隆皇帝亲自谋划，严厉驳斥疆臣建议，不同意将其安置在伊犁地区，因为伊犁是管理天山南北的新疆军政中心，位置重要，此前满洲、锡伯、索伦等官兵已经驻扎屯种，闲地无多，并且地处

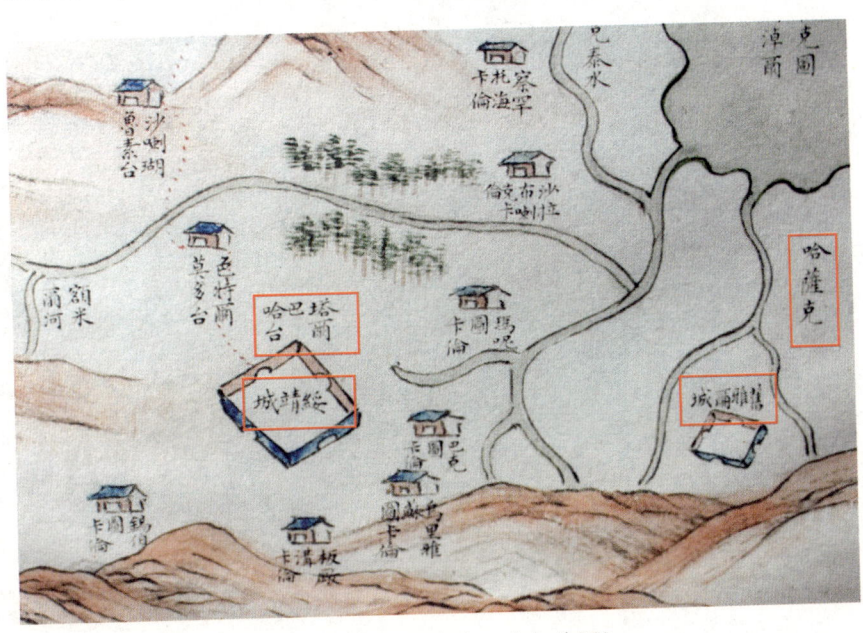

图 83：嘉庆朝《西域舆图》之塔尔巴哈台（雅尔地区）

丝路撷珍——舆图世界中的新疆故事

图 84：乾隆朝《西域图册》之《土尔扈特图》

舆图与民族

边境，靠近哈萨克、布鲁特等外藩，不易防范土尔扈特部逃窜等突发情况；同时也不同意安置在乌鲁木齐附近，担心土尔扈特部对通往内地的乌鲁木齐、巴里坤等重镇构成威胁。

经过再三权衡，清政府决定将伊犁以北、塔尔巴哈台一带的土尔扈特部故土交由其游牧，即塔尔巴哈台以东、科布多以西之额尔齐斯、博罗塔拉、额密勒、斋尔等地。

图83是反映嘉庆年间新疆状况的古地图，地图方位是上南下北、左东右西。如图83所示，这一地区与哈萨克部接界，乾隆年间属于塔尔巴哈台参赞大臣管辖。地图红色方框框注的"旧雅尔城"，修建于乾隆二十九年（1764），因为冬天雪大难以驻防，不久被废弃，遂于乾隆三十一年（1766）修筑新城"绥靖城"。1771年，土尔扈特部安置到该地游牧，由塔尔巴哈台参赞大臣管理，地图中"旧雅尔城"一带就是上段所指的"斋尔"，是土尔扈特部的主要游牧地之一。

然而，土尔扈特部到达后，遭到了极为严峻的生存挑战。东归途中的土尔扈特部众已经非常疲惫，清政府决定将老弱病残约15000余人，暂行安置在伊犁休养，其余部众启程前往斋尔等地。这里冬天雪大、天气严寒，土尔扈特部迁移至此，要经受严寒天气、补给不足等各种考验。

而最为意想不到的致命打击是瘟疫肆虐，天花在部众中流行，许多人因此丧命。渥巴锡此时正在承德朝觐，负责管理部众的渥巴锡妻子与他们的女儿感染天花，在刚迁徙至塔尔巴哈台牧地不久，于1771年十月二十二日同日病逝。十一月三日，渥巴锡的母亲感染天花病逝。十一月二十七日，渥巴锡5岁的幼子阿苏盖出天花病故。因天花肆虐，相继亡故者3390余口。乾隆皇帝对此极为同情，予以开导安抚，命令喇嘛做法事为渥巴锡亲人念经超度。

舆图与民族

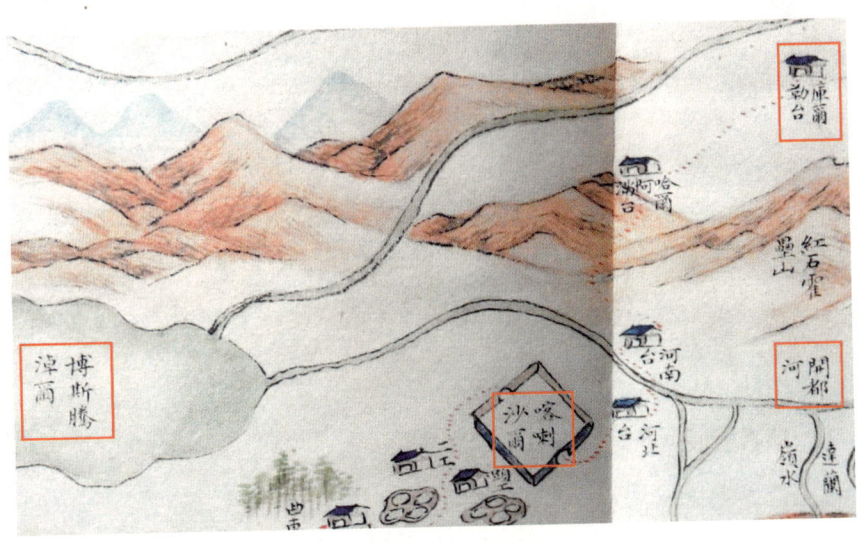

图 85：嘉庆朝《西域舆图》之喀喇沙尔（开都河流域）

1772年一月十二日，朝觐归来的渥巴锡回到游牧地边缘地带，并未深入内部，部众来见，也不准进蒙古包，只是由人传话。渥巴锡躲过了这次瘟疫，但是当年年底，疾病和天花再次流行，幸存部众极为恐慌，包括渥巴锡本人在内的部众不愿继续在塔尔巴哈台一带居留，希望有更好的生存环境。因此，渥巴锡向清政府提出了另行选址安置的请求。

此时，南疆喀喇沙尔（今焉耆）的珠勒都斯一带，牧场辽阔，水草丰茂，可供游牧。清政府最终同意重新安置的请求，着手备置粮草并安排官兵沿途护送。图84是现藏于中国历史博物馆的舆图，绘制于乾隆年间，这幅彩图形象地表现了土尔扈特部迁徙的场景。

1773年六七月间，渥巴锡率部众启程迁往开都河流域的喀喇沙尔一带（如图85所示）。自此，饮马伏尔加河的蒙古土尔扈特马队，在开都河流域找到了新的乐土，子子孙孙，生生不息。

113

◎ 主要参考文献

郭美兰：《土尔扈特汗渥巴锡部众东归后拨地安置始末》，《中国边疆史地研究》，2007年第2期

玮娜：《清朝政府对东归土尔扈特部的安置》，《内蒙古电大学刊》，2013年第1期

第六章　舆图与地理

点将台：清代新疆城市图谱

今日新疆，地域广袤，城市遍布天山南北，星罗棋布，稠密与繁华程度不逊色于任何内地省份，更要大大优胜于周边中亚诸国。今日的我，走过南北疆一些城市，北疆诸如乌鲁木齐、阿勒泰，南疆诸如喀什、阿克苏、和田。城市的繁华喧嚣入我眼中，但因学习历史出身，所以我对这些城市的过往更加感兴趣。

图 86：清代巩宁城遗址（2012年7月）

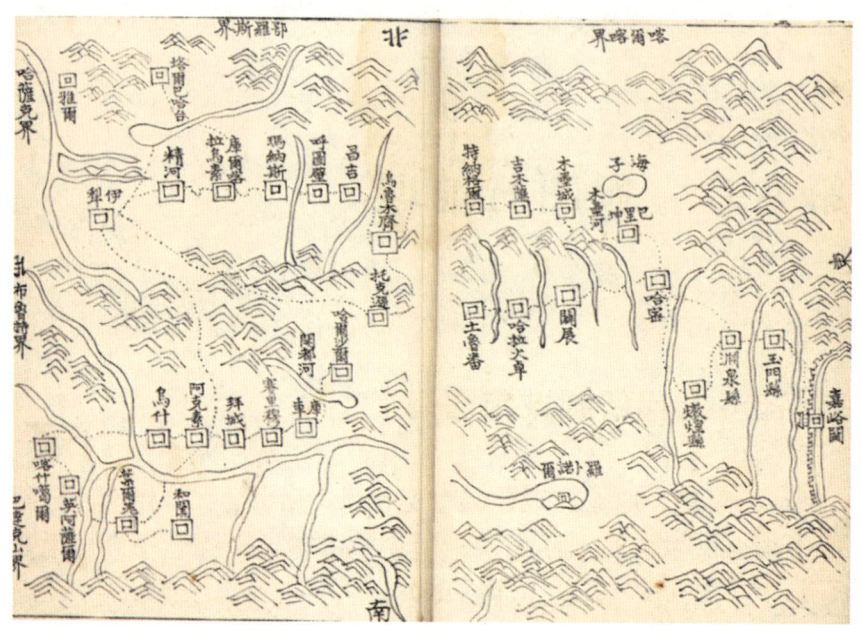

图 87：乾隆朝《新疆地舆总图》之总图

今日乌鲁木齐，首府所在，冠绝西陲，视线所及，摩天大楼鳞次栉比。沉醉于繁华尘世中的人们，估计很少有人去踏寻位于新疆农业大学旁边的清代"巩宁城"遗址（如图86），目前此处遗址尚存，但是残破不堪，夹存于闹市民居之间。伊犁仍为西陲重镇，但是已经不如清代时地位显赫，古老的惠远城等建筑尚存。喀什历来为南疆首屈一指的城市，新旧结合，既有喀什老城，又有清代"徕宁城"遗迹，还有现代建筑。阿克苏、和田为丝路名城，历史悠久，清代修筑的城市基本已经淹入现代建筑群中。阿克苏清代城市遗迹已经破坏殆尽，和田在一军队驻扎地外尚有一段清代残墙。

实际上，南北疆城市的历史差异巨大。南疆地区基本为绿洲农业文明，以定居农业为主，如《史记》中记载的西域三十六国等城邦国家，早在汉代之前就存在于塔克拉玛干沙漠边缘的绿洲之上。而北疆在历史上基本为游牧部落所占据,如清代初期占据北疆的准噶尔蒙古,以"逐水草而居"的游牧经济为主,除了在伊犁附近役使部分南疆维吾尔农民种地外,清朝统一前在北疆基本不存在城市定居生活,更不用说大规模的城市文明。可以说,现在看到的大部分北疆城市,基本孕育和形成于清乾隆年间。

如今,很少有人有时间和机会去新疆实地考察清代城址,而单纯依靠文字描述和文献考订,又很难直观地向不太熟悉新疆地理的人们呈现出清代城市分布。因此,我选取了两幅具有代表性的清中期新疆古地图,形象直观地介绍新疆的清代城市。

《新疆地舆总图》(如图87)现藏于台北,虽然看起来线条绘制简洁、内容标记粗疏,但是与乾隆四十七年(1782)刊行的《西域图志》和乾隆四十二年(1777)刊行的《西域闻见录》等史籍相比,地图表现年代更早,绘制了乾隆三十八年(1773)的新疆状况,是反映乾隆中期新疆状况的不可多得的珍贵图像史料。

图87的地图方位为上北下南、左西右东,绘制地域为清代新疆地区。地图中使用"回"字形符号表示城市,使用连续断点标注交通道路,同时绘制山型符号和双线条表示山川河流。虽然看起来地图比例严重失真,但是不妨碍从中看到那一时期的城市分布概况。

1773年,西出嘉峪关后,在玉门、渊泉、敦煌已经设县。东疆地区设置有哈密、辟展、哈拉火卓、吐鲁番。由哈密往天山北坡西行,依次经过巴里坤、木垒城、吉木萨、特纳格尔、乌鲁木齐、昌吉、呼图壁、玛纳斯、库尔喀喇乌苏、精河、塔尔巴哈台、伊犁。由东疆地区进入南疆,经过哈尔沙尔(今焉耆)、库车、赛里穆、拜城、阿克苏、乌什、喀什噶尔(今喀什)、英阿萨尔(今英吉沙县)、叶尔羌(今叶城)、和阗(今和田)。

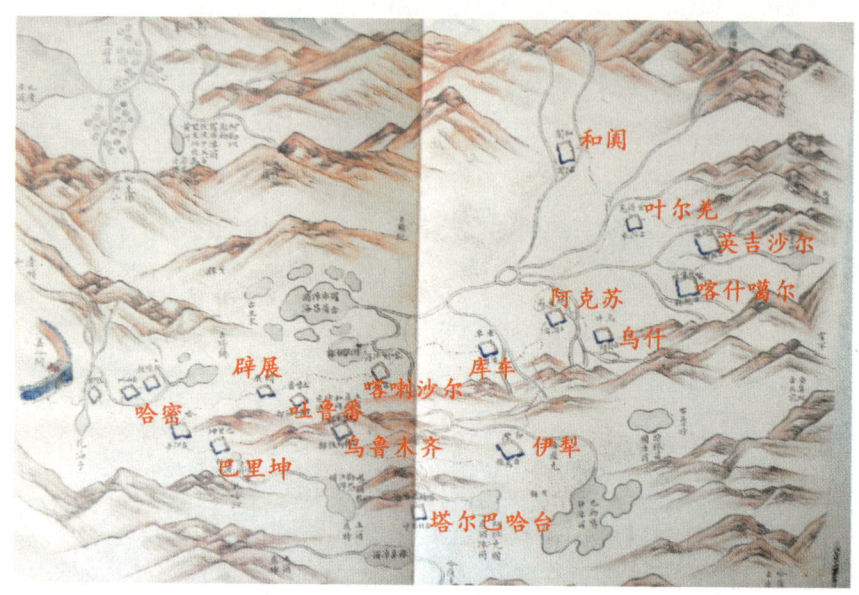

图 88：嘉庆朝《西域舆图》之总图

这些城市虽然同样以"回"字形符号表示，但是大小有别。乾隆中期，东疆主要城市是哈密、吐鲁番，北疆主要城市是巴里坤、乌鲁木齐、塔尔巴哈台、伊犁，南疆主要城市是哈尔沙尔、库车、阿克苏、乌什、喀什噶尔、英阿萨尔、叶尔羌、和阗。

《西域舆图》（如图 88）现藏于中国国家图书馆，纸本彩绘，是清代著名西北史地学家张穆所绘制，图幅内容主要反映嘉庆中后期（1811—1820）的新疆状况。这一时期，新疆经过乾隆时期的开发和治理，经济社会状况及城市布局基本稳定。图 88 的地图方位是上南下北、左东右西，因为总图表现范围广、字迹较为模糊，所以我将重要城市用红色大字单独标出。

张穆在绘制《西域舆图》时题写的《新疆总图说》："哈密为新疆门户，由哈密循天山之南西南行，曰吐鲁番、曰喀喇沙尔、曰库车、曰阿克苏、曰乌什、曰叶尔羌、曰和阗、曰英吉沙尔、曰喀什噶尔，是为南路。由哈密逾天山之北西行，曰巴里坤、曰古城、曰乌鲁木齐、曰库尔喀喇乌苏、曰塔尔巴哈台、曰伊犁，是为北路。"其中指明了嘉庆年间新疆的重要城市。

与图 87 对比发现，乾隆、嘉庆年间天山南北的重要城市基本稳定。总体而言，东疆地区哈密、吐鲁番为历史名城，又居于进疆要津，城市地位稳固，时至今日仍旧以哈密瓜、吐鲁番葡萄等特产水果而名扬神州。

南、北疆的城市地位与清中期在新疆实施的军府管理体制有重大关系。清代在新疆实行军府体制，伊犁将军为新疆最高军政长官，下设塔尔巴哈台参赞大臣、喀什噶尔参赞大臣、乌鲁木齐都统。参赞大臣和都统受到伊犁将军节制，但职权相对独立。因此，这四座城市可以说是当时最重要的军政中心城市。

伊犁，原为准噶尔蒙古汗廷所在、伊犁将军驻地，战略地位不言而喻，同时伊犁河流域水源充足、水草丰茂，利于农耕和定居，清代在此建有惠远城（如图 89）、惠宁城、熙春城、宁远

图 89：1910 年伊犁惠远城鼓楼旧照

城、绥定城、广仁城、瞻德城、拱宸城、塔勒齐城等城，人口规模与城市建设居于全疆之冠。

乌鲁木齐都统与伊犁将军同阶，为从一品，是新疆东部地区最高军政长官，下辖哈密办事大臣、吐鲁番领队大臣、巴里坤领队大臣、库尔喀喇乌苏领队大臣；清代在此建有巩宁城（如图86），至清末新疆建省，地位跃升于伊犁之上，为全疆之冠至今。巴里坤位于进入北疆的要冲，人烟稠密、庙宇林立，曾有"庙宇冠北疆"之说，建有巴里坤满城、汉城。塔尔巴哈台（今塔城）位于新疆的西北边陲，清代设有参赞大臣，管辖蒙古、哈萨克游牧等事务，乾隆年间建有绥靖城。可以说，今日北疆城市格局肇始于清中期乾隆年间。

南疆城市历史悠久，清代设置喀什噶尔参赞大臣管辖南疆，驻扎喀什噶尔，为南疆军政中枢，在此建有徕宁城。其他重要

图 90：1924 年和田城旧照

图 91：和田清代城市城墙遗址（2012 年 7 月）

城市则设置办事大臣、领队大臣管辖。喀喇沙尔设有办事大臣，是由东疆进入南疆的咽喉要地，靠近博斯腾湖，从伏尔加河流域回归祖国的土尔扈特部曾游牧于此。库车设置办事大臣，管辖拜城、布古尔等。阿克苏在乾隆年间于旧城西北占用当地贵族花园，建筑新城；乌什建有永宁城，乾隆御赐城名；叶尔羌、英吉沙尔、和阗（如图 90）均在旧城内建有新城。2012 年 7 月我实地考察时，和阗清代城址被一军队驻地占用，城址残存较多，已经辟为公园并加以保护（如图 91）。上述南疆重要城市在清中期文献中多统称为"南八城"。

图 92 这幅画像中的乾隆皇帝，有小童相伴，一手扶鹿，一手持如意，怡然自乐，颇具仙风道骨。仔细对比可以发现，这幅画像，与本书图 10 "乾隆元年乾隆画像"中的乾隆皇帝如出一辙：脸型瘦长、眉眼细长。此外，图 92 中写有"长春居士自题"。

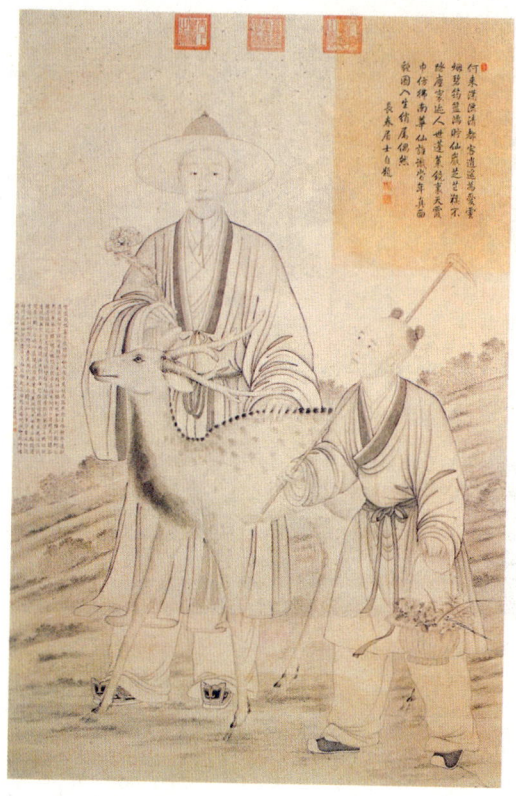

图 92：乾隆皇帝画像

乾隆的父亲雍正皇帝崇信佛教，曾自号"破尘居士""圆明居士"，在一次法会上，给当时的宝亲王弘历赐号"长春居士"。

近代以来，北疆阿勒泰（清代称为承化寺）因为战略位置凸显、哈萨克牧民因灾迁徙而至，逐步兴起；清代不起眼的库尔勒台（今库尔勒）因为近代铁路兴建，取代喀喇沙尔成为南疆重要城市。新中国成立后，克拉玛依因资源而兴，石河子、阿拉尔因军垦而起。然而，不可否认的是，今日天山南北（尤其是北疆地区）城市格局基本奠定于清中期乾隆年间。乾隆之于新疆，乾隆之于中国，功莫大焉。今天的我们，应该为"长春居士"的杰出贡献点赞！

双城记：阿克苏的新城与旧城

所谓"双城"或多城格局，在中国历史上并不少见，比如由襄阳和樊城组成的襄樊，由武昌、汉阳、汉口组成的武汉。在清代新疆，也出现过一批"双城"，比如乌鲁木齐的巩宁城与旧城、喀什的徕宁城与旧城。阿克苏、叶尔羌（今叶城县）、英吉沙尔（今英吉沙县）、库车、和田、巴里坤等地均出现了一地两城的双城格局。清代新疆的新建城市大多是乾隆年间始建的，多用于满、汉官兵及内地商人居住生活，而旧城则是当地维吾尔族民众聚集生活的地方。人们同处一地，但是分居于城墙隔离的不同空间内，清代新疆特殊的"双城"格局可以说是不同城市形态、不同城市文化的聚合体。

1845 年五月的一天，流放新疆的林则徐经过阿克苏。他可能蹲在路边某处瓜田旁，品尝了当地新鲜瓜果；当他进到城内后，先后看到了两座城池："回城"和"汉城"。2015 年 7 月的一天，我曾在阿克苏一处果园内，大口吃着刚从瓜田里摘下来的西瓜、哈密瓜，香甜可口；我也曾辗转徘徊，四处打探寻找林则徐曾看到过的城市及特殊的双城格局。

1845 年，正是道光二十五年，流放新疆四年之久的林则徐快要迎来道光皇帝的再次召唤。他经过阿克苏时，"先入回城，城内有候馆，甚宏

图 93：乌鲁木齐的林则徐塑像

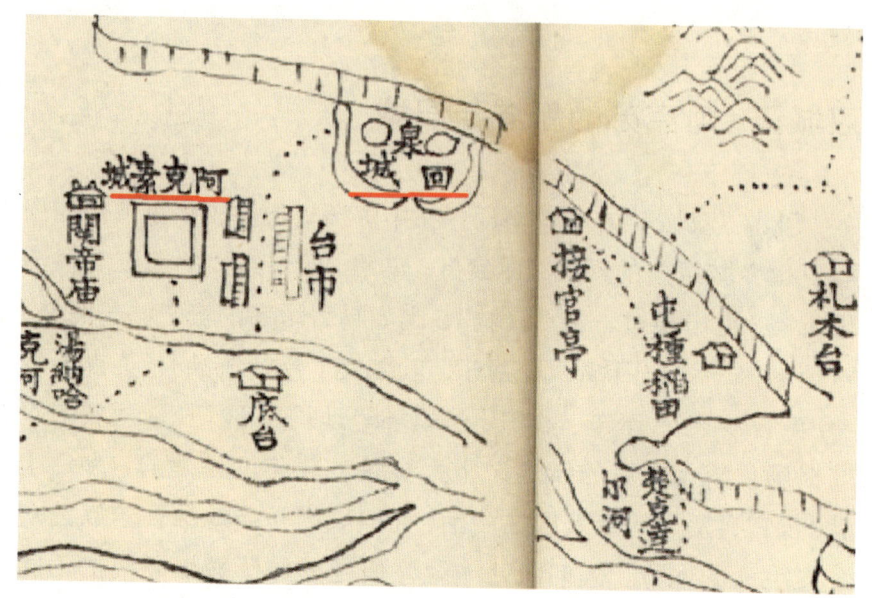

图 94：乾隆朝《新疆地舆总图》之阿克苏

敞，而结构与汉民屋宇殊异，即卸装于此。五桥（时任阿克苏办事大臣）来谈数刻，随往汉城拜之。汉城与回城相连，办事大臣官廨不大"。他所看到的"回城"是旧城，历史悠久；他所看到的"汉城"是新城，建于乾隆年间。

乾隆年间，如图94所示，阿克苏（本文"阿克苏"指的是1883年之前的阿克苏，即今天的温宿县所在）已经是"一地两城"的双城格局。东边是"回城"，西边是方形的"阿克素城"。"回城"为旧城，依靠北面高台而建，高台被当地人称为"坎坡"。清人描述，"其山高十数丈不等，其上平衍，其下壁立，草木不生，沙石俱无"。1845年，晚饭后，林则徐与五桥曾登上城北极高之处，登高远眺，"可眺二十里外"。

阿克苏旧城历史悠久，主要是当地维吾尔民众居住生活区域。阿克苏交通便利，内地商民、中亚商旅多来此贸易，市场

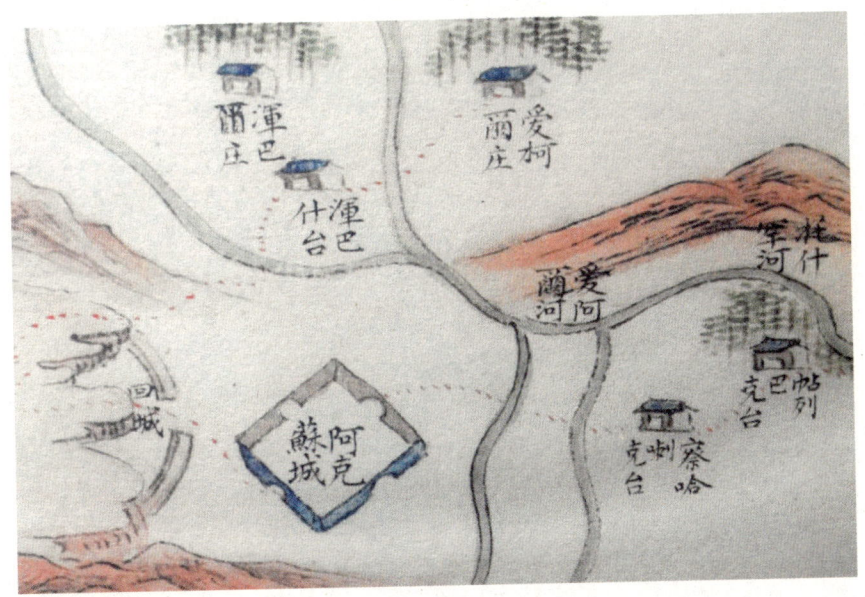

图 95：嘉庆朝《西域舆图》之阿克苏

繁荣，每逢巴扎（集市）天，"摩肩雨汗，货如雾拥"。阿克苏物产丰饶，"土田广沃，芝麻、二麦、谷、豆、黍、棉，黄云被野，桃、杏、桑、梨、石榴、葡萄、苹婆、瓜菜之属，塞圃充园，人人富厚，牛羊驼马，所在群聚，尤多技艺之人，攻玉制器、精巧可观"。

而图 94 中的"阿克素城"则是乾隆年间新建的城市。根据清朝新疆满文档案记载，乾隆二十四年（1759），清军刚刚抵达阿克苏时，并未建筑城市，只是在城外搭建帐篷居住。乾隆三十一年（1766），与清朝关系密切的当地维吾尔贵族色提卜巴勒氏，捐献出自己位于回城西的院子，供官兵驻扎。同年，在此基础上，新建城市一座。这座城市确实如图 94、图 95 所示，是一座方形城市。城墙每边长 35 丈，四面共长 140 丈。按照清代度量衡（1 丈 =3.2 米）换算，新城是一座边长 112 米、占地面积 12544 平

丝路撷珍——舆图世界中的新疆故事

图 96：光绪朝《南疆勘界日记图说》之阿克苏

方米的方形城市。

　　嘉庆年间，如图95所示，依旧延续乾隆年间双城分立的格局。因为新城位置比较低矮，容易受水患威胁。在嘉庆十六年（1811）四、五月间，大雨成灾，曾遭水患，新城有所整修。之后，又过了将近五十年，到咸丰十年（1860），重修城市，在四门匾额分别题写耀武、迎恩、镇西、平西，一如内地城市规制。

　　1845年，林则徐经过时看到的"双城"，应该即为上述两座形态、居民、历史等方面迥然不同的城市。乾隆年间兴修的新城，应该在今天温宿县西北部，温宿县第一中学、温宿县医院、温宿县粮食局等单位全部或部分占压在清代新城之上。

　　其后，南疆经历阿古柏之乱，至光绪三年（1877）清军剿灭反叛势力。经过战争破坏，之前的城市基本上仅存基址，城墙等荡然无存，一度极为萧索。图96是光绪九年（1883）绘制的阿克苏地图,这时已经重建了两座城市,清朝官员沙克都林札布见到过这时的阿克苏,土崖下有龙王庙、养正书院,市面上蔬果鱼肉类似于内地。可以说,经过几年休养生息,阿克苏已经逐步走出战乱阴霾、走向繁荣了。

之后,到光绪末年,旧城(回城)残存部分基址;1939 年,新城(汉城)逐渐拆毁。至今,清朝时期代表不同文化背景、不同建筑风格、居民迥异、信仰各异的一地两城格局,已经完全融入全新的城市建筑中。

林则徐曾见到过的阿克苏双城,已经不见踪影,只是在历史文献中有所显现。时至今日,充沛阳光滋养下的阿克苏瓜果,依旧飘香。

◎ 主要参考文献

《林则徐奏稿·公牍·日记补编》,中山大学出版社,1985 年

《西域闻见录》,日本宽政十二年刊本

《温宿县志》,新疆大学出版社,1993 年

跨越西天山的苍凉古道
——记《进呈伊犁由那林河草地至喀什噶尔图说》

新疆的地形特点可以简单地归纳为"三山夹两盆",三山是指北边的阿尔泰山、中间的天山和南边的昆仑山,两盆则是指准噶尔盆地和塔里木盆地(如图97所示)。天山东西横亘于中间,将新疆划分为北疆和南疆两个相对独立的地理单元。为沟通南北,人们需要跨越南北平均宽度250—300公里、平均高度超过4000米的天山山脉。在天山东部一般是经过库尔勒、焉耆一带的山间谷地、山间褶皱及河道等通行,目前修筑有铁路和公路连通南北疆。而在天山西部,即西天山地区,天山更为高峻、宽厚,自古至今,不易通行。

现在新疆维吾尔自治区首府在天山中部北坡的乌鲁木齐,而清代新疆的军政中心则在西天山北面的伊犁。清朝统一新疆后,在新疆推行军府体制,设置的新疆最高军政长官即驻扎伊犁,史称伊犁将军,管辖全疆事务。南疆最高军政长官为总理南疆参赞大臣,基本驻扎在天山南路的喀什噶尔(今喀什市)或乌什(今乌什县)。为进行士兵换防等军政事务,必须要跨越西天山。

清代跨越西天山地区共计有三条较为常用的道路,第一条是连通伊犁至阿克

图 97:"三山夹两盆"示意图

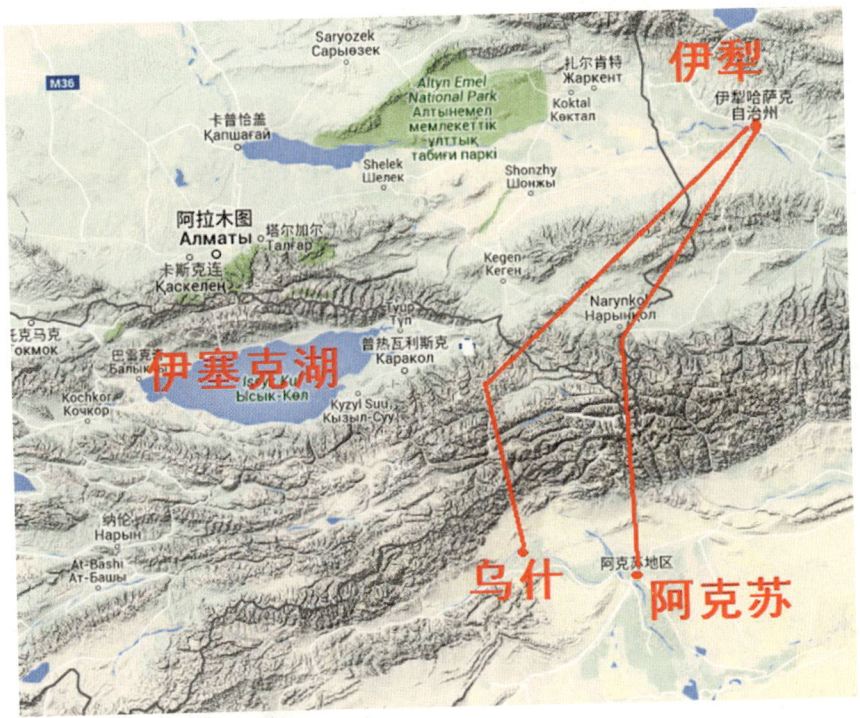

图 98：西天山南北道路交通示意图

苏的冰岭道,第二条是连通伊犁至乌什的道路,第三条是连通伊犁至喀什噶尔的纳林道。其中第一条现在多称之为夏特古道,而第二条、第三条道路,因为地处边陲且目前道路大部已处境外,所以今人极少知晓。本文将介绍第一条与第二条道路（如图 98 所示）。

目前借助于光绪年间绘制的《进呈伊犁由那林河草地至喀什噶尔图说》（如图 99）,基本可以复原上述两条道路。该图现藏于台北故宫博物院,应该是光绪年间新疆地方官员绘呈中央的官方文件档案。该图为纸本彩绘,地图方位与我们熟悉的方向正好相反,为上南下北、左东右西,图中以黄色贴签标注地名,以红色断点表示道路,主要绘制了由北疆伊犁至南疆喀什噶尔、阿克苏、乌什的道路。

这里先从目前唯一一条仍旧在中国境内的"冰岭道"说起。冰岭道为连通伊犁至阿克苏的道路,清代文献中常称之为"穆素尔达坂",其中"穆素尔"是维吾尔语,汉语意思为冰川,因此清代又称之为"冰岭道"。在图99左半部标注出了清末伊犁至

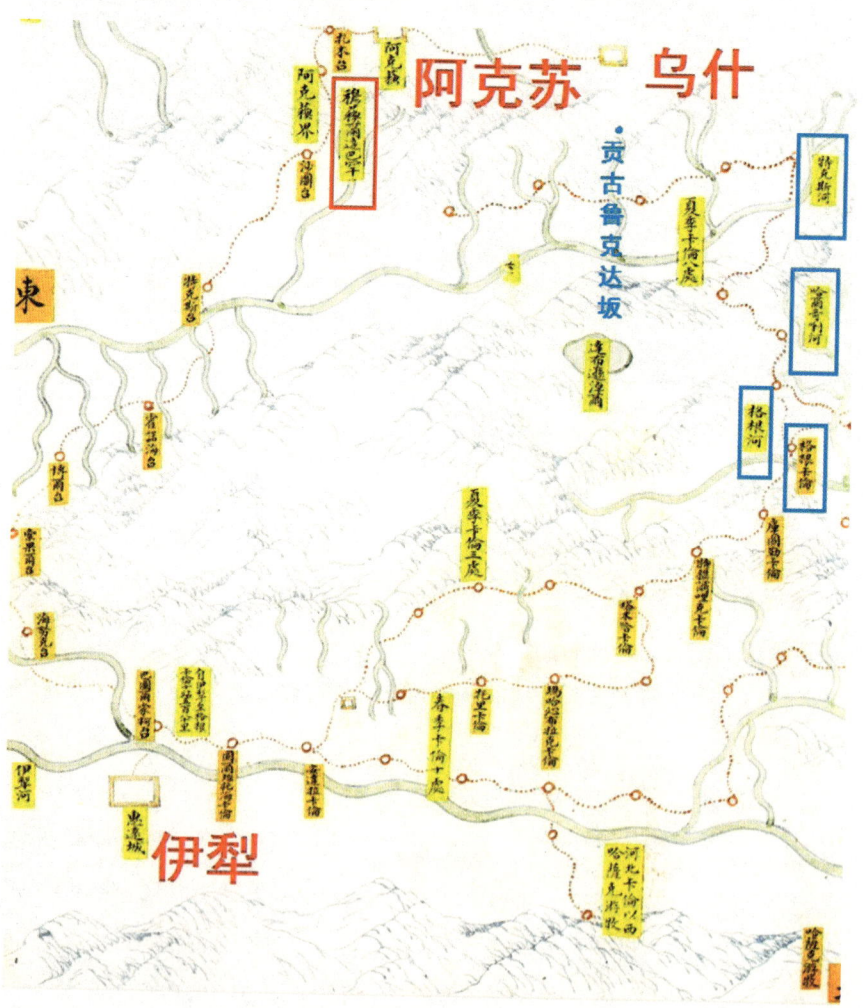

图99:《进呈伊犁由那林河草地至喀什噶尔图说》图影

舆图与地理

图 100：冰岭道（今夏特古道）

阿克苏的道路，从地图中可以看到这条道路：伊犁惠远城—巴图尔蒙柯台—海努克台—索果尔台—博尔台—霍诺海台—特克斯台—沙图台—穆苏尔达巴罕—扎木台—阿克苏。清代"台"是驿路系统中的术语，与现在高速公路服务区的功能相类似，系车马劳顿后歇息之地。

如图99在"阿克苏"之北贴签"穆苏尔达巴罕"（红色方框），这处达坂极为险峻，整条道路亦因此而得名。达坂常年积雪结冰，且最狭处马匹都无法通行，人员仅能侧身缓行通过。这条如此艰险的道路，因为是连通伊犁至阿克苏的捷径，所以在清代使用较为频繁，南疆、北疆士兵换防基本都要经过这条道路。

"冰岭道"目前被称为夏特古道，因为艰险难行且已经修通其他南北疆交通道路，所以已经废弃，有些探险爱好者曾涉足于

131

此，近年来亦有探险者在此遇难的新闻报道。从图 100 照片中能够看到这条道路的艰险。

跨越西天山的第二条道路是伊犁至乌什的道路，在图 99 右半部中也有标注。自伊犁往西南，经过格根河的格根卡伦后，渡过哈尔奇喇河、特克斯河上游（相关地名见图 99 中蓝色方框），至天山北坡，之后翻越贡古鲁克达坂（如图 99 中蓝色汉字）到达乌什。

跨越贡古鲁克岭的这条道路在清代使用较少，在道光朝之后，常年封禁不用。但是，这条道路却与一个重要历史人物和重大历史事件有关。

乾隆二十年（1755），清军西征准噶尔部。如图 101 所示，清军分两路进军，会师于博罗塔拉后进至伊犁，于格登山一战击溃准噶尔部。准噶尔部最后一任首领达瓦齐率领百余名亲信仓

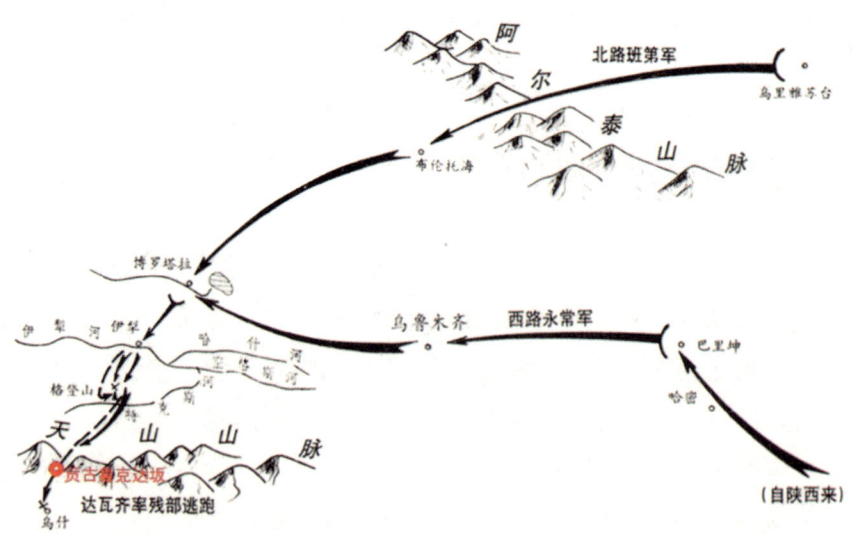

图 101：清军进击准噶尔部示意图

图 102：光绪朝《南疆勘界日记图说》之贡古鲁克岭

皇南逃，跨越特克斯河上游后，就是经过贡古鲁克达坂跨越西天山山脉，逃至乌什的。因为兵困马乏，清军并未翻越贡古鲁克岭到达南疆。达瓦齐南逃未久，南疆维吾尔贵族诈称宴请，实则伏兵将之擒获。自格登山之战后，强横了数个世纪、与清帝国缠斗了近百年的准噶尔汗国彻底灭亡，也标志着蒙古贵族及其后裔在天山南北地区长达五百余年的统治完全结束。

达瓦齐被擒获后，经过"冰岭道"北返，押送至伊犁，后来被送至北京，在午门举行献俘仪式。乾隆三十九年（1774）农历四月二十七日，清廷释放达瓦齐，免死加恩封为准噶尔亲王，入旗籍，赐地京师，得善终。

达瓦齐翻越贡古鲁克岭时，刚刚丧失数万精兵，仅余百余人追随，后有追兵，前途未卜，狼狈之极，肯定怎么也想不到，自己的后半生竟然会到遥远的北京当一王爷，了此一生。

丝路撷珍——舆图世界中的新疆故事

图 103：乌什县以北地貌照片（2015 年 8 月）

在伊犁至乌什这条跨越天山的道路上，最关键的关隘就是贡古鲁克达坂。图 102 是清朝人沙克都林札布在光绪八年（1882）奉旨勘分中俄新疆边界而亲自勘查后所绘制的地图，这幅地图表现的是贡古鲁克岭以南的地貌。沙克都林札布记载这条道路的险绝："外又陡极，弃马猱攀而上，大石峻嶒，几难容足，西向，北越五层，达坂如登天，然始至贡古鲁克山顶。"

2015 年，我曾至乌什县调研，因为贡古鲁克岭目前处于边境线上，虽然未能进至贡古鲁克岭，但是到达附近考察。沿路深沟险壑，道路曲折，山势峥嵘，草木稀疏（如图 103 所示），想必沿途险绝景致类于贡古鲁克岭。在城市中生活久了，到了这里，会感到强烈的与大自然之间的陌生感。当你身临其境，才能够感受到那种有些说不出的边地冷风、晦暗阴云、高远苍凉。你见过山，才知道那是山；你见过河，才知道那是河；你见过苍凉，才知道那是苍凉。

达瓦齐的蒙古马队、维吾尔牧民、兵团职工、边防官兵,都曾到过这里,不知道他们感想如何?

◎ 参考文献

王耀:《古代舆图所见达瓦齐南逃路线及伊犁通乌什道》,待刊稿

永恒是什么：《新疆全图》中的帝国丰碑

一代人有一代人的记忆，一个朝代有一个朝代的印记。乾隆皇帝在位60年，在人生暮年，回首一生，将干过的大事归纳为"十全武功"，自诩为"十全老人"，这是一个帝王给自己的评价和他自己的珍贵人生记忆。

在"十全老人"的统治下，无论是庙堂之上还是市井里巷，无论是江南烟雨还是边陲冷风，无论是和珅、纪晓岚、刘罗锅等达官显贵，抑或是贩夫走卒、江南富商、边城浪子、西域戍卒等凡夫俗子，普天之下，率土之滨，莫不沐浴在"十全武功"的荣光之下。相信所谓"十全武功"是当时社会的主流话语，是当时生活在中国大地上绝大部分人的共同记忆，并成为皇子皇孙铭记、追念的先辈传奇而融入清王朝的血液中，成为一个朝代的不可磨灭的烙印。

"十全武功"是乾隆年间取得的十次大的军事胜利的统称，之首为"平准噶尔二"，即两次平定准噶尔部叛乱。平定准噶尔部是乾隆朝乃至整个清帝国都值得纪念的重大胜利，对于这一胜利的纪念和自豪不仅潜藏在清代人的记忆中，而且实打实地体现在清代人绘制的舆图等实物上。

《新疆全图》现藏于美国国会图书馆，图幅绘制的主要是乾隆年间整个新疆的城市、山川、交通道路等状况。图105截取的图像所表现的地域是新疆伊犁地区，地图方位是上北下南，图中用双方框（"回"字形）表示城市，如惠远城、惠宁城、塔尔齐城等。

舆图与地理

图 104：乾隆戎装画像

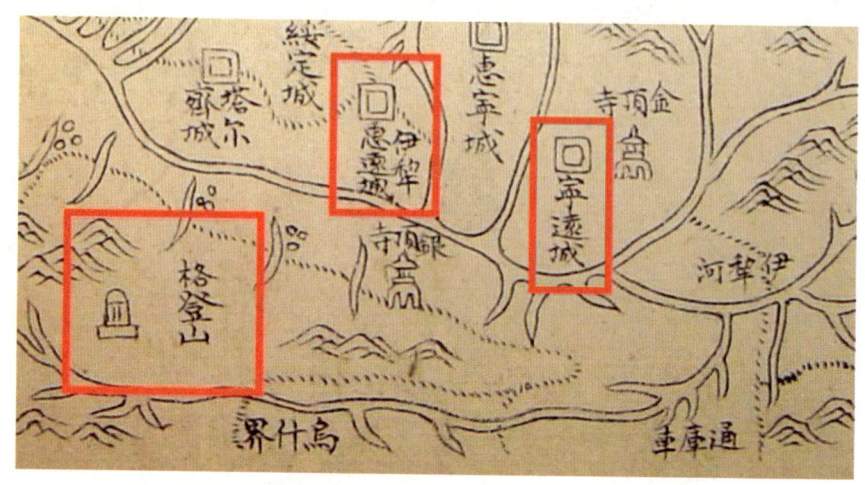

图 105：乾隆朝《新疆全图》之格登山

在图 105 中尤为与众不同的是，在伊犁西南的格登山，地图中绘制有一方竖碑。在以地理要素为主要表现对象的地图中，为什么要在格登山上将一方竖碑绘制得如此显著？为什么要将一方占地面积没有多大的小小的竖碑绘制得与"惠远城""宁远城"等边地重镇等量齐观？

因为，这里曾经是决定清帝国与准噶尔部命运的决战之地，这里是清帝国与准噶尔部命运的分水岭。因为，这里矗立着记录帝国兴衰的一方竖碑——《平定准噶尔勒铭格登山碑》。

这场胜利、这方竖碑，是清代人追念的共同记忆。图 106 是光绪年间绘制的地图，"格登山碑"依旧出现在地图上。可见，虽然经过百余年的风雨，但是"格登山碑"依旧矗立在清人心中。

格登山之战，在清人眼中，其知名程度不亚于今人眼中的二战苏德战场上的斯大林格勒保卫战、抗美援朝中的上甘岭战役，更有些类似于二战中的插入敌人心脏、彻底灭亡第三帝国的攻克柏林之役，为以战止战的终战之战。经过此役，强盛了几个世纪的准噶尔汗国彻底灭亡。

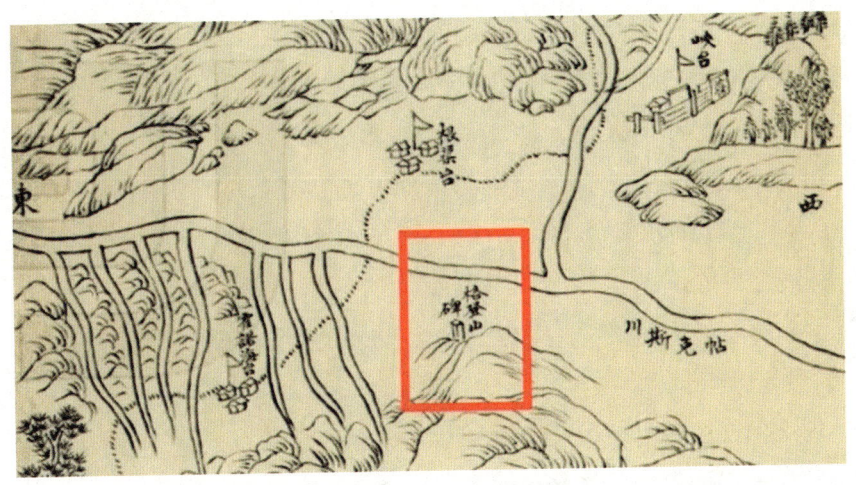

图 106：光绪朝《南疆勘界日记图说》之格登山碑

准噶尔汗国是由漠西蒙古的准噶尔部建立,强盛时一度占有天山南北的广大地区并臣服哈萨克而游牧于广袤的中亚草原,是介于清朝与新兴的俄罗斯之间的中亚强国。

康熙时,准噶尔部一度兵锋直指内蒙古,威胁清王廷。自康熙朝开始,经雍正朝至乾隆朝前期,准噶尔部与清帝国缠斗六十余年,大小战役无数,互有胜负,难分伯仲,始终将清朝军政势力阻于东疆哈密一带,为清帝国心腹大患和最为强悍的对手。

乾隆十九年(1754),准噶尔部发生严重内讧,部分部众投靠清朝,准噶尔部实力大减。乾隆皇帝敏锐地抓住这一稍纵即逝的良机,果断决策,于乾隆二十年(1755)二月,发兵五万人、战马七万匹,分兵两路,于1755年五月初会师于伊犁河畔(如图107所示)。

准噶尔部首领达瓦齐率部退居伊犁西南的格登山,以逸待劳,背崖据守。清军包围格登山达瓦齐军后,侦知敌军军心不稳,趁夜色派出服饰、语言相同的25名蒙古勇士,混过敌人外围警戒线,出其不意,突入敌营,乘夜掩杀。达瓦齐军措手不及,乱作一团，自相践踏，死者不计其数。顷刻之间，万余敌军瓦解。达瓦齐率残部逃往南疆，后被擒获送往北京。一战定天山，自此，准噶尔汗国灭亡，清朝统一新疆。

为纪念这次胜利，乾隆二十年（1755）五月，弘历亲自撰写了《平定准噶尔勒铭格登山碑》碑文，乾隆二十五年（1760）在格登山建碑记功。格登山碑为花岗岩石碑，由1000多名清军官兵耗时一年多时间，从2000多公里外的新疆南疆叶尔羌（今叶城县）运至此。

格登山碑现在位于新疆伊犁地区昭苏县境内，中哈边境线中国一侧的山上。如图109所示，格登山碑高2.95米，宽0.83米，厚0.27米。碑额上镌刻有盘龙，正面和背面分别刻着"皇清""万古"二字。碑纹是日出东海浮雕图案，文字有满文、汉文、蒙文、藏文四种，其中，汉文共210余字。

《清实录》类似于皇帝起居注，记载皇帝的日常政务等，其中记载有平定准噶尔部期间，乾隆皇帝与军队统帅之间就军事事务等的往来文牍。我在阅读时发现，乾隆皇帝对于前线行军

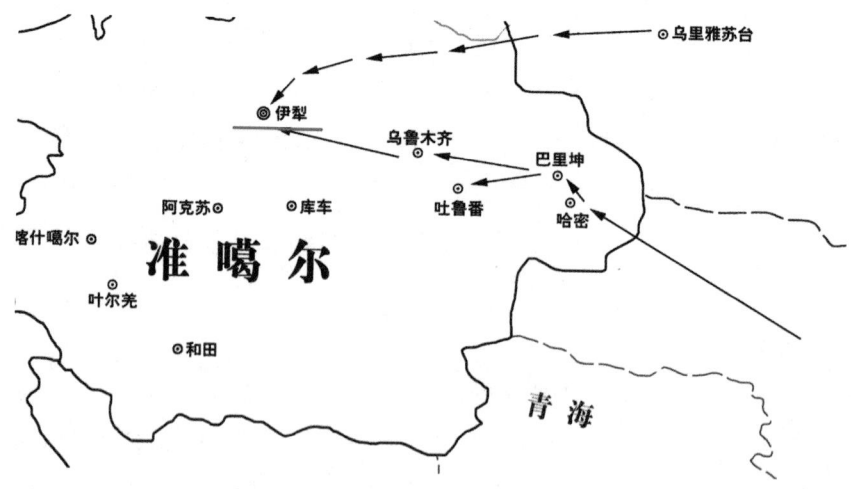

图107：乾隆朝进击准噶尔部示意图

图 108：格登山记功碑碑亭

路线、沿途山川、军事攻守等了如指掌，对于帐内统帅的性格、对手的行事风格等同样深知，对于战场形势掌握的细微程度，具体到一时一地。文如其人，从文牍中可以读出，乾隆皇帝是一位勤政明敏、杀伐果断、明察秋毫的君主，其建立的不朽功业亦镌刻在格登山记功碑之上，傲视万古。

兹将乾隆御笔亲题的《平定准噶尔勒铭格登山碑》碑文誊录于下，以志纪念。

格登之崔嵬，贼固其垒。我师堂堂，其固自摧。格登之巀嶭，贼营其穴。我师洸洸，其营若缀。师行如流，度伊犁川。粤有前导，为我具船。渡河八日，遂抵格登。面淖背崖，藉一昏冥。曰捣厥虚，曰歼厥旅。岂不易易，将韬我武！将韬我武，讵曰养寇？曰有后谋，大功近就。彼众我臣，已有成辞；"火

图 109：格登山记功碑

炙昆冈"，惧乖皇慈。三巴图鲁，二十二卒，夜斫贼营，万众股栗。人各一心，孰为汝守？汝顽不灵，尚窜以走。汝窜以走，谁其纳之？缚献军门，追悔其迟！于恒有言：日杀宁育。受俘赦之，光我扩度。汉置都护，唐拜将军，费赅劳众，弗服弗臣。既臣斯恩，既服斯义，勒铭格登，永诏亿世。

乾隆二十年，岁次乙亥，夏，五月之吉御笔。

后 记

这本书写作完成于 2016 年的 2 月到 5 月间，素材主要来自我近年在新疆研究领域的积累。在选题和写作中，因为融合了我的专业也是我的兴趣所在——中文古地图和新疆历史研究，所以写作过程比较愉悦。

在我心目中，新疆不是单一色调的，它从来都是一个多民族、多文化、多语言的融会之地、多元之区。可惜，媒体中呈现的新疆以及民众眼中的新疆，都不是这样的。这一现实，是这本小书写作的出发点和落脚点。

本书的写作得到多位师友的帮助，在此一一致谢：

全国政协伊丽苏娅女士对香妃一文中部分写作内容，做出提示，谨致谢忱。中国社科院历史所余太山先生对《汉西域图考》一文中"西域"的范围及《西域闻见录》中"七十一"名称问题，提出中肯建议，深表谢意。

感谢中央民族大学顾松洁女士帮助询问佟丽娅的父亲，感谢佟丽娅父亲及佟丽娅允许在书中使用其照片，为本书添彩。同时，要感谢中国新疆网的王君女士，在"微新疆"公众号上先期推送了三篇文章，获得较高关注。

五洲传播出版社郑磊主任，在我设想写作该书时，即表现出极大兴趣并给予极大鼓励；在出版环节，更是大力支持、慷慨投入,在此表达诚挚谢意。同时要感谢五洲传播出版社宋博雅女士的辛勤工作和认真审校。

最后要感谢我的父亲。因为初次写作通俗故事,所以深浅不知,每篇写完后,都会让我父亲阅读,并以普通读者身份提出意见,使文章尽量通俗易懂。感谢这本小书的第一个读者——我敬爱的父亲!

王　耀
2016年12月3日志于京北回龙观